네트워크마케팅

직업의 판을 바꾸다

“ 메타버스 시대에 사람들은
왜 네트워크 마케팅에 주목하나 ”

도서출판 LINE

[시작하며]

과연 내 직업은 무사할까?

여러분의 직업 전선은 어떤가요? 화창한 봄날인가요, 아니면 추위가 한창인 겨울인가요?

코로나19가 시작되기 전, 우리의 직업 전선은 따사로운 봄날이었습니다. 아무리 세상이 변한다고 해도 직업의 큰 틀은 바뀌지 않았으니까요. 그러나 2019년을 끝으로 많은 이의 직업 전선은 추운 겨울이 되었습니다.

2019년 겨울, 일종의 감기처럼 여겨졌던 코로나19는 해를 넘기면서 팬데믹, 즉 세계적 범유행으로 격상되었습니다. 이전의 어떤 바이러스보다 전파력이 뛰어난 코로나19는 사람들의 활동에 큰 제약을 가져왔고, 사회 · 경제적으로 많은 사람에게 큰 타격을 주었습니다.

코로나19로 인해 활동에 제약이 생기자 사람과 사람이 만나서 이루어지는 대부분의 비즈니스는 중단되었고, 그 피해는 고

스란히 자영업자와 직장인들에게 돌아갔습니다.

찾아오는 손님이 없으니 문 닫는 식당, 상점들이 급격하게 늘면서 자영업자와 그 직원들은 하루아침에 실직자가 되었습니다. 대면 영업이 필수인 세일즈맨은 영업을 포기해야만 했고, 학원을 기피하는 아이들로 인해 학원 선생님들은 투잡으로 생계를 이어갔습니다. 이뿐만이 아닙니다. 갈수록 심각해지는 코로나는 기업들의 신규 채용을 연기하거나 포기하게 만들었고 이로 인해 대학을 졸업한 대다수가 백수로 사회생활을 시작하게 되었습니다. 결국 보이지 않는 바이러스 하나가 직업 전선을 혹독한 겨울로 만들어 버린 것입니다.

코로나19 팬데믹 이후 암울한 상황은 여전합니다. 이전과 같이 일상으로 회복되면 모든 것이 금방 원래의 위치로 돌아올 것 같았지만 아니었습니다. 구미에 맞는 직업을 찾는 것은 고사하고 당장 먹고 살기 위한 직업을 갖는 것 자체도 어려운 상황입니다.

몇 년 전부터 이슈화된 4차 산업혁명, 여기에 코로나19 팬데믹이 엮이면서 우리들의 직업 전선은 불안과 긴장만이 공존합니다.

전문가들은 우리의 경제 상황이 앞으로 더 심각해질 수 있다고 경고합니다. 또 다른 바이러스의 공격, 늘어나는 자연재해 등 이런 환경이 우리의 산업구조를 더욱 빠르게 변화시키고 있기 때문입니다. 그렇기에 철저한 대비가 없다면 우리의 직업 전선은 더욱 심각한 상황에 놓이게 될 수도 있습니다. 과연 우리는 어떤 직업을 선택해야 할까요?

이 책은 여러분이 직업에 대한 의미와 개념을 재인식하고, 직업에 대한 고정관념을 탈피하게 해 줄 것입니다. 빠르게 변화하는 세상과 악조건의 환경에 구애받지 않는 직업의 세계를 이 책을 통해 확인할 것입니다.

따사로운 '직업의 봄날'을 다시 맞이하고픈 모든 분께 이 책을 선사합니다.

Contents

제3장 직업의 판을 바꿀 네트워크 마케팅

제4장 네트워크 마케팅 사업에서 성공하기

제1장

직업은 단순히 먹고 사는 문제일까?

사회적 동물인 우리에게 직업은 필수조건입니다. 우리는 직업을 통해 기본적인 생계를 해결할 뿐만 아니라 사회생활을 하고 그 속에서 자아를 실현하기 때문입니다. 다시 말해 직업은 먹고 사는 것뿐만 아니라 직업을 통해 성장하고 만족을 느낍니다. 이것이 우리가 직업을 가져야 하는 이유이자 직업을 가지려 하는 이유입니다.

물론 자아실현과 성취라는 거창한 목적을 내세울 수도 있습니다. 하지만 특정 부분에 제한되기보다는 직업은 우리의 삶을 지탱하는 필수조건입니다. 그렇다면 직업에 관해 좀 더 깊이 있는 얘기를 나눠봅시다.

[01 요람에서 무덤까지 함께 가는 직업]

'직업' 하면 가장 먼저 떠오르는 것이 생계를 위한 돈벌이입니다. 우리에게 가장 기본적으로 필요한 의식주를 해결해 주는 것이 돈이고, 그 돈을 벌기 위해 직업을 갖기 때문입니다.

중국에서 12세기에 처음 나온 종이돈은 바람에 날린다고 해서 '날아다니는 돈' 으로 불렸습니다. 이것은 동전용 구리가 부족해지면서 어쩔 수 없이 찍어낸 돈입니다. 당시 마르코 폴로가 지폐를 몇 장 수집해 유럽으로 갖고 가자 사람들이 '누가 그걸 돈으로 받겠느냐' 라며 믿지 않을 정도였지요. 그런데 오늘날 그 '돈' 은 거의 신적인 반열에 올라 있습니다.

그 신을 계좌에 채우도록 해주는 것이 바로 직업입니다. 즉, 우리에게 가장 기본적이면서도 중요한 소득 창출을 담당하는 것이 직업입니다.

요즘에는 꼭 세상 밖으로 나와야만 세상을 맛보는 게 아닙니다. 이미 뱃속에서부터 아기는 사회 구성원으로서의 의무를 귀가 따갑도록 듣습니다. 부모들은 양수에서 헤엄치는 아기에게 일찌감치 짐을 얹어줍니다.

"아가, 건강하게 태어나 훌륭한 사람이 되어야 한다."

아기가 뱃속에서 이런 말을 알아듣는지 태어나자마자 휴대전화를 붙잡고 논다는 농담이 있을 지경입니다.

아기가 태어나 첫돌을 맞이하면 부모의 바람은 더욱 커집니다.

"자, 오늘 아기의 첫돌을 축하하며 돌잡이를 시작하겠습니다. 아기 앞에는 부모님께서 준비하신 여러 가지 물건이 있습니다. 과연 아기가 어떤 것을 잡을지 볼까요?"

사회자의 과장 섞인 웃음과 멘트로 돌잡이가 시작되면 부모뿐 아니라 그 곳에 참석한 모든 사람들이 아기가 무엇을 잡을지에 관심을 집중합니다.

물론 돌잡이의 의미를 모르는 아기는 부모가 미리 준비한 돈, 연필, 실, 그 밖에 구체적인 직업을 암시하는 청진기나 판사봉 중에서 마음이 끌리는 것을 선택할 것입니다. 옆에서 지켜보는 부모의 표정은 아기의 손이 어디로 가는가에 따라 민감하게 달라집니다. 자신들이 원치 않는 물건 쪽으로 아기의 손이 가면 인상을 찌푸리다가 아기의 손이 부모가 기대하던 물건으로 옮겨가면 금세 표정이 밝아지면서 큰 소리로 그것을 집으라고 말합니다.

과거의 돌잔치는 아기의 장수를 비는 축원 행사였으나 환경이 변하면서 돌잔치는 이렇게 아기가 좋은 직업을 갖기를 바라는 기원 행사로 바뀌었습니다. 그와 함께 돌잡이 용품도 돈, 쌀, 명주실에서 청진기, 판사봉, 심지어 시대를 반영하는 다양한 물건들이 등장하게 되었습니다. 결국 돌잔치는 아기가 성장해 부모가 원하는 직업을 갖기를 기원하는 '부모의 욕망 채움 행사'가 되어버린 것입니다. 이처럼 아기는 이미 돌잔치 때부터 무조건 직업을 가져야 한다는 주입식 교육을 받습니다.

아이가 자라 초등학교에 들어가면 부모는 자신들이 원하는 직업을 더욱 구체적으로 아이에게 주입합니다. 물론 아이에게 자라서 무엇이 되고 싶은지 물어보긴 하지만 그 질문은 형식일 뿐 아이의 직업은 이미 부모에 의해 결정된 상태입니다.

"그건 안 돼! 그런 일을 하면 고생한단 말이야."

"이게 더 좋아. 돈도 많이 벌고, 너는 나처럼 살면 안 된다!"

어렸을 때 부모님께 이런 말을 한 번도 듣지 않은 사람은 없을 겁니다. 부모들은 이렇게 자신의 생각이 정답인 양 자식에게 끝없이 자신의 직업관을 주입합니다. 심지어 자식이 마치 자신의 소유물인 것처럼 과거의 고정관념으로 자기가 원하는 직업을 자녀에게 강요합니다.

중학교를 거쳐 고등학교에 들어간 아이는 부모가 원하는 삶, 부모가 원하는 직업을 갖기 위한 교육의 연장선에 놓입니다. 아이는 왜 공부를 해서 좋은 대학에 들어가야 하는지 그 이유를 모릅니다. 단지 부모가 염두에 둔 직업에 필요한 자질을 갖추기 위해 노력할 뿐입니다.

부모의 바람은 아이가 대학교에 들어가면 최고조에 이릅니다. 부모가 결정해 준 학교와 전공을 선택한 아이는 학위를 취득한 뒤 사회에 진출합니다. 아이는 이미 성인이지만 안타깝게도 학교와 전공을 선택할 때 그랬듯이 직업도 부모의 선택에 순응해서 고릅니다.

이렇게 아이는 성인임에도 불구하고 부모의 바람 속에서 부모가 선택해 준 그 직업을 기반으로 삶을 꾸려갑니다. 결국 자신이 아닌 부모가 결정한 선택으로 죽을 때까지 살아가는 것입니다. 그 선택이 옳든 옳지 않든 말입니다.

물론 모든 사람이 이러한 사이클대로 살아가는 것은 아닙니다. 하지만 그 범주에서 벗어나 스스로 인생을 선택해왔다고 자신 있게 말할 수 있는 사람은 많지 않을 것입니다.

그도 그럴 것이 경제가 어렵고 저출산이 지속되면서 우리 아이는 너무도 귀중하다는 부모의 생각들이 만연하고 이는 곧 부모가 양육에 온갖 정성을 기울이다 못해 깊은 관심이 심한 간섭으로 이어지고 있기 때문입니다.

그럼 이쯤에서 다시 처음으로 돌아가 보겠습니다. 우리에게 직업이란 어떤 의미이기에 반드시 직업을 가지려 하는 걸까요? 그리고 부모는 왜 그토록 자녀의 직업선택에 집착하는 걸까요?

앞으로 어떻게 변할지 모르겠지만, 지금까지 직업은 인간이 행복하게 살도록 해주는 최고의 도구로 여겨져 왔습니다. 행복하게 살려면 돈이 있어야 하고, 그 돈을 벌게 해주는 수단이 직업이라고 본 것입니다.

이런 면에서 직업을 갖는 것은 당연하지만, 문제는 직업 선택에 있습니다. 알고 있다시피 부모는 자녀의 직업 선택에 커다란 영향을 줍니다. 부모가 생각하는 가장 좋은 직업 선택의 기준은 과거의 경험에 비롯되나, 지금은 시대의 변화 속도가 매우 빨라져 하루에도 수많은 직업이 등장했다가 사라지고 있습니다. 그렇지만 빠른 시대 변화에 대처하지 못하는 부모는 그저 자녀가

잘살았으면 하는 마음으로 한때 잘나가던 직업을 자녀에게 권합니다. 과거의 생각만으로 미래를 판단하는 것입니다.

사회 구성원으로서 행복하고 윤택하게 살아가기 위해 직업을 갖는 것은 필수조건입니다. 그런데 중요한 것은 어떤 직업이 자기 인생을 행복하게 만들지 심사숙고해야 한다는 것입니다. 인생은 한 번뿐이며, 오직 자신의 인생이기 때문입니다.

02 시대에 따라 변해온 돈 버는 직업

돈을 버는 직업은 시대에 따라 다양하게 변화해왔습니다. 그 이유는 다음의 그림이 보여주듯 시대별로 발전을 주도하는 산업에 따라 먹고 사는 방법이 달랐기 때문입니다.

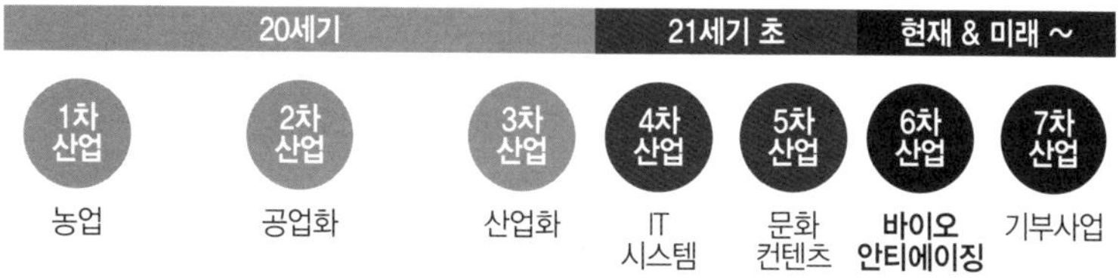

1960년대까지만 해도 우리나라에는 농업을 중심으로 한 직업이 많았고, 천석꾼이나 만석꾼 소리를 듣는 사람들이 부자의 반열에 올라 있었습니다.

당시 대한민국은 6 · 25전쟁 이후 새로운 나라를 만들어가는 과정에 있었던 터라 땅과 바다 등 자연환경을 이용해 필요한 물품을 얻거나 생산하는 1차 산업이 주요 산업이었습니다. 그러다 보니 논과 밭을 비롯해 고기를 잡는 배, 광물을 채취할 수 있는 산 등 1차 산업의 주축인 자연환경을 소유하는 것이 부의 척도였지요.

이후 경제개발 5개년 계획을 대대적으로 추진한 1970년대부터 2차와 3차 산업이 발달하기 시작했습니다. 전국적으로 고속도로와 철길이 뚫리고 기술과 통신이 발달하면서 제조업과 서비스업이 대세로 떠오른 것입니다.

땅을 빌려 농사를 짓던 사람들은 더 쉽게, 더 많은 돈을 벌기 위해 공장이 있는 도시로 옮겨갔습니다. 공장에서 일하거나 그곳에서 생산된 제품을 판매하는 서비스업에 뛰어들기 위해서였죠. 그 무렵에는 공급보다 수요가 훨씬 더 많았기 때문에 만드는 족족 물건이 팔려나갔습니다. 당연히 그 시대에는 공장에서 물건을 만들어 판매한 제조업자가 부자가 되었습니다.

그 이후 1990년대와 2000년대는 컴퓨터와 인터넷을 기반으로 4차 산업의 초석을 다진 시기입니다. 이 시기에는 정보가 곧 돈이며 IT 기술과 시스템, 즉 보이지 않는 기술이 부가가치가 큰 시대였습니다. 이때 정보를 다루는 증권맨, 보이지 않는 혁신 기술을 다루는 벤처 사업가는 황금알을 거머쥔 존재였습니다. 이때부터 세상이 급속도로 바뀌기 시작했습니다.

21세기 초, 정보혁명을 이끈 4차 산업을 곧바로 뒤따른 것이 바로 5차 산업입니다. 컴퓨터와 인터넷의 급격한 발달이 그 안에 담을 문화 콘텐츠를 새로운 산업으로 일으켜 세웠지요. 컴퓨터와 인터넷만 있으면 세계를 내 집처럼 드나들 수 있게 되자 인류는 풍요로운 정보 속에서 다양한 문화 콘텐츠를 맛보게 되었습니다.

삶의 질이 좋아지자 사람들은 인생의 방향을 먹고 사는 것에서 즐기는 것으로 바꾸었고, 그 즐길 거리를 제공하는 사람들이 돈을 벌기 시작했습니다. 다시 말해 게임 산업과 오락 산업, 패션 산업이 호황기를 맞이했지요.

그럼 지금 우리는 어느 시기에 있을까요? 4차와 5차 산업이 이미 우리의 일상이 된 지금, 6차와 7차 산업이란 개념이 출현하고 있는데 이는 빠르게 변화하는 세상과 발맞추기 위해 우리가 현명하고 빠른 선택을 해야 함을 의미합니다.

우리 모두는 시대에 발맞춰 살아가기 위해 그에 맞는 일과 직업을 갖길 원합니다. 그래서 다시 생각해 봐야 합니다. 나는 지금 몇 차 산업에 종사하고 있을까? 과연 시대와 어울리는 산업에 종사하고 있을까? 이는 시대에 따라 번창하는 산업이 달랐고 그 산업에 어울리는 직업이 부자를 만들었기에 몸과 마음이 모두 부자가 될 수 있는 직업을 그 어느 때보다 열심히 찾아야겠습니다.

03 시간도, 돈도 충분한 두 가지 직업 유형

직업은 라이프스타일과 밀접한 관계가 있습니다. 어떤 종류의 직업에 종사하느냐에 따라 그 사람이 누리는 라이프스타일은 완전히 달라지지요. 가령 직장생활을 한다면 일반적으로 아침 9시부터 저녁 6시까지 직장 일에 매달려야 합니다. 소규모 점포를 운영할 경우에는 밤늦게까지 가게를 지키며, 때에 따라 가게에서 몇 날 며칠을 상주하기도 합니다.

여하튼 세상 사람들은 선택한 직업에 따라 다양한 라이프스타일로 살아갑니다. 그 내용을 구체적으로 살펴보면 다음과 같습니다.

	시 간	돈
유형 1	×	×
유형 2	○	×
유형 3	×	○
유형 4	○	○
유형 5	○	○

유형 1 **시간도, 돈도 충분치 않습니다.**

많은 직장인이 여기에 속하는데, 하루 중 8시간 이상, 인생의 3분의 1 이상을 회사에 바치고 월급을 받습니다. 그리고 그 월급의 한도 내에서 먹고 쓰며 살아갑니다. 취업해서 '안정적인' 삶을 살아가니 다행이라고 생각하지만, 언제나 시간이 부족하고 돈도 충분치 않습니다.

더구나 돈이 가장 많이 들어가는 40대, 50대에 갑자기 권고사직을 당하면 더 이상의 '안정'은 없습니다. 직장인들은 흔히 이렇게 말합니다.

"나는 정말 바빠! 너무 바빠서 미래를 생각할 시간이 없어!"

결국 현재의 소득에 안주하다 자신의 소중한 미래를 수렁에 빠뜨리고 맙니다.

유형 2 **시간은 넘쳐나지만 시간을 채울 돈이 없습니다.**

경제적으로 독립하지 못한 이 시대의 많은 무직자와 실업자가 여기에 속합니다. 이 유형은 정말로 인생이 피곤합니다. 무엇이든 자기 마음대로 할 수 있는 것이 없습니다. 시간은 많으나 돈이 없어 부모나 사회의 도움이 없으면 살아가기 힘든 상황이니까요. 오죽하면 성인이 되어서도 부모 곁을 떠나지 못하고 부모의 경제력에 의지합니다. 경제가 어려울수록 이런 사람들이 늘어나고 있습니다. 이들도 핑계는 있습니다.

"상황이 도와주질 않네. 능력과 돈이 많은 사람들이 부럽다."

결국 이들은 직업이 없기에 원하는 라이프스타일을 포기할 수밖에 없습니다.

유형 3 시간은 없지만 돈은 많습니다.

전문직 종사자와 성공한 자영업자가 이 유형에 속합니다. 예를 들자면 의사는 온종일 환자를 진료하고 병원을 운영하느라 시간은 없지만, 돈은 많이 법니다. 또 유명 음식점을 운영하는 자영업자도 장사가 잘되니 돈은 많지만 경제적 자유를 누릴 시간이 없습니다. 정작 이들은 돈을 많이 벌지만 진정한 부자는 그들의 배우자와 자녀들입니다. 그들은 말합니다.

"나는 정말 돈을 많이 벌었어. 그런데 그 돈을 쓸 시간이 없네. 마음이 놓이지 않아서 잠시도 자리를 비우기가 힘들어. 내가 없으면 이놈의 가게가 돌아가질 않아."

결국 이들은 돈이라는 수렁에 빠져 자신의 진정한 라이프스타일을 포기하고 살아갑니다. 재주는 곰이 부르고 돈은 주인이 번다는 말이 이들에게 딱 어울리는 말입니다.

유형 4 시간도, 돈도 많습니다.

금수저를 물고 태어난 부잣집 2세나 건물 또는 부동산 부자들입니다. 이미 축적된 부를 기반으로 수입이 지속해서 들어오기 때문에 누릴 시간도, 즐길 거리도 많습니다. 그러나 여기에는 아주 커다란 맹점이 있습니다.

그들이 소유한 부는 그들의 부모나 조부모가 축적한 것으로 그것을 지켜내는 것이 어렵지 않습니다. 모으고 쌓을 때는 분명한 목표가 있기에 앞만 보고 달리면 되므로 오히려 쉽습니다. 그러나 지키는 것은 더 이상 목표가 없어서 힘듭니다. 2세들이 꾸준히 노력하지 않으면 부가 2대를 지속하기도 벅차지요. 그들은 말합니다.

"인생 뭐 있어? 즐기며 사는 거지."

이들의 라이프스타일은 당장은 매우 화려하지만 자칫하면 한순간에 나락으로 떨어질 수 있습니다.

유형 5 시간과 돈뿐만 아니라 건강한 여유가 있습니다.

이들은 정해진 시간에 일하지 않아도 이미 구축한 시스템을 통해 계속해서 돈이 들어오기 때문에 시간적, 경제적으로 자유롭게 살아갑니다. 이들이 하는 유일한 일은 자신과 같은 부자를 계속 탄생시키는 것입니다.

여기서 핵심은 돈과 부자를 만드는 시스템인데 이들은 자신이 알고 있는 지식과 경험을 자신처럼 부자가 되고 싶어 하는 사람들에게 나누어 돈과 부자를 복제합니다. 그 결과 많은 사람이 따르고 기쁨을 나누는 '평생 친구'들이 생겨납니다. [유형 4]가 고뇌하는 '외로운 부자'라면, [유형 5]는 많은 친구들과 함께하는 '행복한 부자'입니다. 그들은 말합니다.

"모두가 부자가 되어 함께 행복해지는 그날까지 나는 많은 사람들과 함께할 것입니다. 이것이 바로 나의 목표이자 삶이기 때문입니다!"

여러분은 어떤 유형의 라이프스타일을 원하시나요?

당연히 [유형 5]의 삶이 가장 바라는 삶일 것입니다. 그러면 지금 여러분의 라이프스타일은 어떻습니까? 다섯 가지 유형 중에서 어떤 유형에 속하나요? 이제 5가지 유형의 삶을 이해했다면 더 늦기 전에 살고 싶은 유형으로 빠른 이동을 고민해 봐야 하지 않을까요?

아마 다섯 가지 직업 유형과 관련된 소득의 종류를 살펴보면 이동의 욕구가 더 강해질 것입니다.

다섯 가지 직업 유형과 관련된 소득의 종류

라이프스타일	직 업	소득의 종류
유형 1	직장인	노동 소득
유형 2	무직자, 아르바이트생	노동 소득
유형 3	전문직(판사, 의사, 변호사 등), 자영업자	노동 소득
유형 4	재벌 2세, 부동산 또는 주식 부자	권리 소득, 유산
유형 5	네트워커	권리 소득

〈표〉에서 보듯 세상 직업 중에서 3분의 2 이상이 노동 소득입니다. 유형 1~3이 완벽한 라이프스타일을 누리지 못하는 이유가 여기에 있습니다. 자신의 시간을 투자하여 돈을 벌기 때문입니다. 그나마 [유형 3]은 시간에 비해 많은 돈을 벌기 때문에 나름 괜찮은 라이프스타일이라 할 수 있습니다. 그럼 [유형 4]와 [유형 5]는 어떤 차이가 있을까요?

[유형 4]는 그야말로 일반인에게는 부러움의 대상입니다.

평범한 집안에서 태어난 사람이 갑자기 재벌 2세가 될 리는 없고, 하루아침에 부동산이나 주식으로 부자가 될 확률도 극히 낮으니까요. [유형 4]의 삶을 보면 세상이 참 불공평하다고 생각될 것입니다.

그래도 일반인에게도 도전해 볼 만한 유형이 있습니다. 그것이 바로 [유형 5]입니다.

완벽한 라이프스타일을 누리고 싶다면 [유형 5]에 주목하십시오. 비록 [유형 4]처럼 태어날 때부터 부자 부모가 옆에 있거나 엄청난 자산을 소유하고 있지 않지만, 생각만 바꾸면 짧은 기간 내에 [유형 4]보다 더 행복한 라이프스타일을 누릴 수 있습니다. 지금 당장은 아무것도 없어도 [유형 5]의 직업을 선택할 경우 인세나 임대료 버금가는 많은 권리 소득을 지속적으로 받을 수 있습니다.

[유형 5]에 대한 자세한 내용은 다음 장에서 안내해 드리겠습니다.

[04 오래, 즐겁게 일할 수 있는 직업의 조건]

'직업이 무엇인가' 는 라이프스타일뿐 아니라 '어떤 인생을 살아가는가' 를 판단하는 척도로 작용합니다. 그런데 요즘에는 일자리 자체가 줄어들고 사람들이 꺼리는 불안정한 일자리가 주종을 이루는 바람에 적성과 상관없이 먹고 살기 위해 직업을 택하는 경우도 많습니다.

하지만 이렇게 선택한 직업은 결국 엄청난 스트레스로 그만둘 확률이 높습니다. 무직자는 그런 일이라도 해봤으면 좋겠다고 생각하겠지만, 직업을 바꾸는 사람에게 이것은 인생이 걸린 중요한 문제입니다.

사람들이 가능하면 오래, 즐겁게 일할 수 있는 직업의 조건은 무엇일까요? 이와 관련된 몇 가지 중요한 조건이 있습니다.

첫 째 **소득의 '확장성' 입니다.**

누구나 투자한 것 이상으로 돈을 많이 벌고 싶어 합니다. 하지만 많은 사람이 투자 대비 큰돈을 벌지 못하고 치열한 경쟁 속에서 불평과 남 탓만 합니다.

특히 직장인은 회사와 연봉 계약을 하는데 항상 불만이 가득

합니다. 내가 일하는 것에 비해 받는 월급이 적다고 생각하기 때문입니다. 그런데 이런 생각은 큰 오산입니다. 사장은 직원 한 명이 자신의 연봉의 최소 두 배 이상의 일을 해주길 바랍니다. 여기에다 일자리는 줄고 일을 하겠다는 사람들은 많아 직원은 언제든지 구할 수 있다고 생각하죠. 이런 직원과 사장의 생각 차이가 월급의 한계를 만듭니다.

자영업자는 어떨까요? 대부분의 자영업자는 온종일 가게에 얽매여 있지만 치열한 경쟁 속에 손에 쥐는 돈이 그리 많지 않습니다. 심지어 직장인보다 벌이가 시원찮은 자영업자도 많지요. 심지어 코로나19 팬데믹을 거쳐오면서 버티지 못하고 폐업하는 가게가 속출하고 있습니다.

상황이 이렇다 보니 직장인들은 해마다 물가 상승률에도 미치지 못하는 월급 인상률을 받아들이고, 자영업자는 가게를 유지하는 것만 해도 다행이라 여기며 하루하루를 보내고 있습니다.

소득 확장성이 눈에 띄게 늘어나는 것이 가장 좋지만, 능력이 뛰어난 소수를 제외한 대다수의 사람들은 절대 쉽지 않습니다. 만약 여러분이 소득 확장성이 뛰어난 직업을 선택할 수 있는 기회가 있다면 바로 그 직업을 가져야 합니다. 그 확장성은 1~2년에 끝나지 않고 지속적이며 한계가 없을 것이니까요.

둘째 개인적인 '발전 가능성' 입니다.

여러분의 직업은 어떤 가치가 있습니까? 혹시 '이 직업이 아니면 안 된다' 는 정도의 특별한 가치가 있습니까? 현실적으로 많은 사람이 이직을 선택하는 이유는 그 직업의 특별함이 없기 때문입니다.

전문직에 종사하는 사람들은 상대적으로 많은 돈을 벌고 있습니다. 그런데 그들 중에서도 다른 일을 해보고 싶어 하는 사람들이 있습니다. 일반인의 입장에서는 이해가 가지 않을 수도 있지만 정작 그들은 자신들의 직업이 단순히 돈을 벌기 위한 것이 아니라고 생각하는 것이죠. 이것은 각자의 '가치관의 차이' 에서 오는 것입니다.

비록 사회의 엘리트층인 전문직 종사자들은 돈을 많이 벌어 윤택하게 살고는 있지만 자신이 추구하는 가치관과 부합되지 않기 때문에 이직을 고민하기도 합니다. 사람은 누구나 자신이 하루하루 발전할 때 살아 있음을 느끼니까요.

돈을 많이 벌어도 직업을 통해 발전이 없다면 그저 직업은 밥벌이에 불가합니다. 자기 인생의 영원한 전성기를 위해 직업을 통한 발전과 그로 인한 성취감은 중요합니다.

셋 째 시대를 앞서가는 '미래성' 입니다.

지금까지의 역사를 보면 항상 시대를 앞서가는 직업을 선택한 사람들이 주도권을 쥐었습니다. 산업혁명 때는 제조업자가, 정보혁명 때는 정보기술자가 시대를 이끌었지요. 그들은 한발 앞서 미래를 준비했으며 기회가 왔을 때 낚아챈 사람들입니다. 아마 지금도 누군가는 인공지능이 이끄는 4차 산업혁명에 발맞춰 다음 시대를 열심히 준비하고 있을 것입니다.

여러분의 직업은 얼마나 전망이 좋은가요? 앞으로 남은 인생을 모두 걸어도 좋을 만큼 미래가 밝은가요? 전망이 밝은 직업은 어떤 환경에서도 도태되지 않고 여러분의 삶을 빛나게 해줄 것입니다. 전도유망한 미래의 직업을 선택해야 여러분의 한평생이 행복할 수 있습니다.

넷 째 노후를 준비할 수 있는 '지속성' 입니다.

노후준비를 얘기하면 많은 사람이 핏대를 세우며 얘기합니다.

"당장 먹고 살기도 바쁜데 노후준비는 사치입니다!"

그러나 잘 찾아보면 내가 일하는 것이 곧 노후준비가 되는 직업도 있습니다. 하나하나 쌓고 이뤄가는 것이 은퇴 후를 지켜줄 큰 자산이자 자동 소득 창출 시스템으로 이런 직업이 우리 주변에 있습니다. 만약 그런 직업을 찾는다면 일하는 게 즐거워서 콧노래가 절로 나올 겁니다.

지금까지 직업 선택 시 중요한 사항을 살펴보았습니다. 이 외에 더 많은 조건을 내세우는 사람도 있겠지만, 이 네 가지만 충족되어도 그 직업이 여러분의 행복한 인생을 평생 보장해 줄 것이라 생각합니다.

제2장

4차 산업혁명과 직업세계

요즘 우리 경제와 사회에 큰 화두로 자리 잡은 '4차 산업혁명' 이라는 용어는 2016년 세계경제포럼(WEF, World Economic Forum)에서 처음 등장했습니다. 4차 산업혁명이란 인공지능(AI), 사물인터넷(IoT), 빅데이터, 모바일 등 첨단 정보통신 기술이 기존 산업과 서비스 전반 또는 로봇공학 · 3D 프린팅 등의 신기술과 결합해 하나의 네트워크를 이루면서 그 속에서 혁신적 변화가 일어나는 차세대 산업혁명을 말합니다.

그럼 4차 산업혁명은 일자리 부족으로 허덕이는 우리 현실에 어떤 영향을 미칠까요? 새로운 직업을 창출할까요, 아니면 그나마 남아 있는 일자리마저 잠식할까요? 아직 명확한 그림이 그려지지 않은 상황이라 사람들은 기대 반, 우려 반 속에서 쓰나미처럼 다가오는 4차 산업혁명의 여파를 주시하고 있습니다.

[01 일상화된 4차 산업혁명]

우리는 이미 4차 산업혁명 시대를 살아가고 있습니다. 시대의 변화라는 것이 항상 지나고 난 뒤에야 '아, 그랬구나.' 하고 깨닫기 일쑤인지라 체감하지 못하는 사람도 많지만, 4차 산업혁명은 이미 진행 중입니다.

예를 들어 모두가 기억하는 알파고(AlphaGo)와 이세돌의 바둑 대결은 단순한 게임에 불과한 것이 아닙니다. 그것은 우리가 4차 산업혁명 시대를 살고 있음을 단적으로 보여준 사례입니다. 사회와 동떨어져 자연 속에 살아가는 자연인이 아닌 이상 매일 매일 이러한 변화에 주목해야 합니다.

초스피드, 광 네트워크가 주요 특징인 4차 산업혁명은 지금까지 우리가 한 번도 경험해 본 적 없는 신세계를 열어줄 것입니다. 그중에서도 인공지능과 빅데이터는 우리의 생활에 엄청난 변화를 몰고 올 전망입니다. 따라서 우리는 4차 산업혁명의 장단점을 정확히 이해하고 미래를 스스로 개척할 수 있도록 대비해야 합니다.

새로운 세상을 열어젖힌 4차 산업혁명은 엄청난 정보와 첨단 기술의 도움으로 어떠한 조건에서든 개인이 원하는 것을 완벽하게 구현해 내고 있습니다.

아침에 눈을 뜨면 중앙컨트롤 센서가 주인의 기분에 맞춰 음악을 내보내고, 조명과 커튼 역시 알아서 조절됩니다. 나아가 인공지능이 마치 알라딘 요술램프의 지니처럼 주인과 대화를 나누고 주인의 기분을 파악해 그날의 주요 정보를 제공합니다. 공상과학 영화에서나 보던 가상현실이 우리의 눈앞에서 실현되는 것이지요. 인공지능과 로봇의 혜택으로 세상은 더욱더 편리하고 윤택해지고 있습니다.

그런데 4차 산업혁명이 모두에게 혜택을 주지는 않습니다. 첨단 과학과 기술의 혜택으로 삶은 편리하고 윤택해졌지만, 그것을 받아들일 준비가 안된 사람에게는 그저 힘들고 고달픈 현실입니다. 4차 산업혁명의 서광은 준비된 자만 누릴 수 있는 특권인 것입니다.

4차 산업혁명의 혜택을 온전히 누리려면 그 시대를 이해하는 것에 그치지 않고 시대를 읽고 혜택을 누릴 조건을 갖춰야 합니다. 그 첫 번째 조건이 바로 '돈'입니다. 돈이 있어야 스마트 하우스를 구입하고 무인 자동차의 혜택을 볼 수 있겠지요.

그럼 돈을 벌려면 어떤 직업에 종사해야 할까요? 물론 당장은 지금 하는 일에 충실해야 합니다. 그러나 빛의 속도로 달라지는 이 시대에 먹고 살기에 바쁘기만 한다면 그것은 표류하는 것이나 마찬가지입니다.

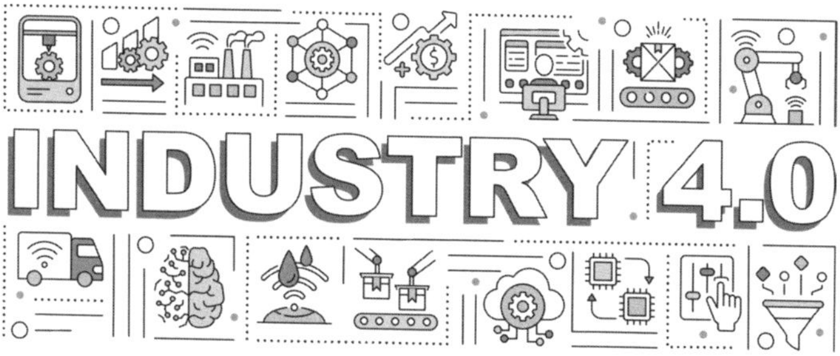

[02 사라질 직업, 등장할 직업 그리고 지속될 직업]

'우리의 직업을 컴퓨터에 얼마나 내줄 것인가?'

이것은 2013년 영국 옥스퍼드 대학에서 제출한 보고서의 제목입니다. 이 보고서는 미국에 있는 702개의 직업을 조사한 내용을 싣고 있는데, 간단히 말해 인공지능 발달로 앞으로 20년 안에 그중 거의 절반에 가까운 47%가 사라질 것으로 전망하고 있습니다.

20년 안에 사라질 가능성 얼마나 되나

텔레마케터	99%	금융전문가	23%
시계수선공	99%	기자	11%
스포츠 심판	98%	정치학자	3.9%
회계사	94%	패션디자이너	2.1%
택시기사	89%	CEO	1.5%
프로그래머	48%	초등 교사	0.4%
경제학자	43%	사회복지사	0.3%
판사	40%	레크레이션 치료사	0.2%

자료: 옥스포드 마틴스쿨(2013년)

위의 표를 보면 사라질 확률이 높은 직업으로 텔레마케터, 시계 수선공, 스포츠 심판, 회계사 등이 있는데 이들에게는 공통점이 있습니다. 그것은 '팩트 체크(Fact Check)'가 가능한 직업들이라는 점입니다.

팩트 체크란 저장된 과거의 데이터를 활용해 현재의 상태를 검증하고 연결고리를 만들어냄으로써 답을 찾는 것을 말합니다. 이런 종류에 해당하는 직업이 로봇, 즉 인공지능의 등장으로 사라질 확률이 높다는 얘기입니다.

무시할 수 없는 또 다른 분석은 기자, 초등교사 등도 사라질 직업군에 속한다는 내용입니다. 얼마 전까지만 해도 '설마 사라지겠어?'라고 생각하던 직업마저 그 가능성이 거론되고 있는 상황이지요. 물론 그 확률이 아직은 낮지만, 현재 일어나고 있는 현상을 보면 절대 안심할 수 없는 수준입니다.

사실 스포츠 중계 기사나 증권 시장처럼 팩트를 다루는 일을 인공지능이 맡게 될 거라는 이야기는 오래전부터 나왔습니다. 〈LA타임스〉는 이미 2014년부터 로봇이 쓴 지진 속보 기사를 온라인에 올리고 있는데 정보 취합이나 속도, 완성도 면에서 조금도 나무랄 데가 없다는 평가입니다.

그렇다면 아직까지 유지하고 있는 직업이 점점 줄어들 것이라는 추측이 얼마든지 가능합니다. 그런데 자연의 이치라는 것이 사라지는 게 있으면 새로 생기는 것도 있는 법인데, 앞으로

새롭게 등장할 직업에는 무엇이 있을까요?

향후 10년간 늘어나는 일자리

보건 · 의료	간병인, 간호사, 물리 · 직업치료사, 수의사, 영양사, 응급구조사, 임상심리사, 치과위생사
4차 산업혁명	네트워크시스템개발자, 웹 · 멀티미디어 기획자, 응용SW개발자, 컴퓨터보안전문가
사회복지	직업상담사 · 취업알선원, 사회복지사, 상담전문가 · 청소년지도사
기타	변리사, 변호사, 사회과학연구원, 산업안전 · 위험관리원 에너지공학기술자, 한식목공

※2025년까지 연평균 취업자 증가율이 2%를 초과할 것으로 예상되는 직정

줄어드는 일자리

대학교수, 증권 및 외환딜러, 학원강사, 학습지 교사, 사진가, 이용사, 택시운전사, 텔레마케터, 낙농 및 사육 종사자, 어업 관련 종사자, 작물재배 종사자 등

자료: 한국고용정보원

2019년에 한국고용정보원은 2027년까지의 일자리 전망을 담은 '2019 한국직업전망' 을 발간했습니다.

그중 유망 직업 명단에 대거 이름을 올린 직업이 인구 고령화에 따른 간호사, 간병인, 물리치료사 등 보건 · 의료 관련 직종입니다. 또한 4차 산업혁명과 연관성이 높은 네트워크 시스템 개발자, 응용 소프트웨어 개발자 등도 전망이 밝은 직업으

로 분류되었지요.

고령화와 인구 감소에 따른 수급의 불균형이 4차 산업혁명과 맞물리면서 직업세계에 지각변동이 일어나고 있습니다.

유망 직업들의 특징은 인간의 교육, 감성을 자극할 수 있는 직업, 사람과의 소통 그리고 창조하는 직업으로 인공지능이나 로봇이 대체할 수 없다는 것입니다. 반면, 단순하고 반복되는 일, 사람과의 소통이 적은 직업은 인공지능과 3D 프린터 등 첨단 기술이 대체할 수 있는 직업으로 점점 로봇에게 빼앗길 것으로 보입니다. 벌써 초밥을 만드는 로봇, 대형 건축물을 통째로 만드는 대형 3D 프린터까지 노동시장을 위협하고 있습니다.

많은 전문가가 향후 20년 안에 현재 직업의 절반이 사라질 것이라는 데 동의하고 있습니다. 반면 인간의 지능을 뛰어넘는 초지능을 갖춘 인공지능이 나올 것이라는 데는 의견이 분분합니다. 아무튼 우리는 급변하는 세상에 적응하기 위해서는 혁신적인 기술의 학습, 사회 변화와 제도에 관해 관심을 가지고 자신이 선호하는 분야의 전문지식을 쌓아야 하겠습니다.

[03 4차 산업혁명 시대를 이끄는 직업]

4차 산업혁명의 대표적인 키워드는 인공지능, 사물인터넷, 3D 프린터입니다. 당연히 4차 산업혁명 시대의 직업은 이들의 영향을 크게 받을 수밖에 없습니다.

인크루트의 설문조사 결과에 따르면 국내 성인 남녀의 75%가 일상이 되어가는 4차 산업혁명으로 일자리가 위협받을 거라는 응답을 했다고 합니다. 그만큼 많은 사람이 4차 산업혁명이 몰고 올 변화를 예의주시하며 불안해하고 있습니다.

그러면 4차 산업혁명 시대의 직업은 어떤 특징이 있을까요?

첫 째 기업들이 효율성을 높이기 위해 로봇을 활용한 자동화 시스템을 더욱 적극적으로 도입하고 있습니다.

예를 들어 제조업은 정보통신기술을 융합한 사물인터넷으로 생산기기와 생산품 간의 상호 소통 체계를 구축함으로써 생산 과정의 최적화를 이뤄내고 있습니다. 이 경우 생산 직종 근로자는 실직당하거나 관리자로 전환될 수밖에 없습니다.

실제로 많은 기업이 얼마 전까지만 해도 노동비용이 싼 중국과 동남아로 공장을 이전했다가 다시 본국으로 돌아오고 있습니다. 또 새로 설립하는 공장에는 자동화 시스템을 도입하기 때문에 많은 근로자가 필요 없게 되었습니다.

둘 째 기술 개발 속도가 빨라지면서 거기에 부응해 전문가들의 수요가 늘어나고 있습니다.

4차 산업혁명 시대에 유망한 직업으로는 보안전문가, 프로그래머, 생체로봇 외과 의사, 원격진료 코디네이터, 가상현실 교육 전문가 등이 있습니다. 다시 말해 인공지능과 첨단 기술을 다루는 전문가들의 수요가 대폭 늘어나고 있습니다.

셋 째 풍부한 인간적 감성을 터치하는 직업이 인기를 얻고 있습니다.

아무리 기술이 발달하고 로봇이 많은 일을 담당하더라도 그것의 존재 이유는 인간에게 있습니다. 즉, 4차 산업혁명 시대에도 인간은 모든 것의 중심을 차지하는 가장 중요한 존재입니다. 그러므로 인간의 감정을 다루는 직업은 여전히 강세를 보일 전망입니다.

예를 들면 심리치료사를 비롯해 놀이 및 행동 치료사, 공연·

영화 · 음반 기획자, 요리 연구가 등은 직업의 지각변동에도 요동치지 않고 그 기반을 유지할 것입니다.

넷 째 **오직 사람만이 할 수 있는 직업은 계속해서 수요가 따릅니다.**

사람이 구성원이자 사람이 시스템인 직업은 더욱더 번창할 것입니다. 물론 기본적인 데이터와 수요 예측처럼 분석이 필요한 일은 기계가 하겠지만, 사람과 사람이 만나 비즈니스를 구축하는 일은 오직 사람만이 할 수 있기에 4차 산업혁명 시대에도 변함없이 번창할 것으로 보입니다.

예를 들어 마케팅 전문가나 네트워커는 시대가 변해도 오직 사람만 할 수 있는 직업입니다. 사람과 사람이 만나 일이 성사되고 수익이 발생하기 때문입니다. 이러한 직업은 인공지능이나 로봇이 대신할 수 없기에 영원히 남아 있을 전망입니다.

[04 **4차 산업혁명의 빛과 그림자**]

여러분의 직업은 안녕하십니까?

IMF 이전까지 노동 중심의 평생 직업이 주를 이루었지만, IMF를 기점으로 평생직업이 사라졌고, 4차 산업혁명 시대에 혁신적인 과학기술의 발달과 코로나19 팬데믹의 영향으로 우리의 직업이 위태로워지기 시작했습니다. 그래서 어른들은 직장에 다니는 젊은이들을 보면 "잘 붙어 있어라." 라는 말을 입버릇처럼 하고 있습니다.

그런데 4차 산업혁명의 조류가 점점 생활 깊숙이 파고들면서 우리의 직업 전망은 더욱더 암울해지고 있습니다. 4차 산업혁명 시대의 화두인 인공지능, 로봇, 3D 프린터, 자동화 시스템이 인간이 하던 일을 아주 쉽게 대체하고 있기 때문입니다.

결과적으로 많은 사람이 생계를 위협받고 있습니다. 그렇지만 4차 산업혁명이 속도를 내는 것에 발맞춰 누군가는 온전히 그 혜택을 누리기 시작했습니다. 다시 말해 4차 산업혁명에도 빛과 그림자가 공존하고 있습니다.

몇 년 전까지만 해도 3D 프린터 기술은 대규모 공장이나 기업에서 사용하는 뛰어난 기술로 알려져 있었습니다. 그러나 이제는 그 기술이 우리 생활 곳곳에 침투해 새로운 변화를 이끌어가고 있습니다. 예를 들어 3D 프린터 기술은 장애인이나 장기이식이 필요한 환자들에게 희망으로 자리 잡았고, 건설 현장과 공장에서는 무엇이든 뚝딱 만들어내는 요술 상자로 인식되고 있습니다.

중국에서는 거대한 3D 프린터가 집을 통째로 짓고 있는 상황입니다. 그리고 개인용 3D 프린터는 일반인을 전문가로 만들어주며 1인 창업이 쉬워지면서 새로운 수익 창출 도구로 쓰이고 있지요.

인공지능 역시 우리의 생활양식을 송두리째 바꾸고도 남을 만큼 위력적입니다. 그것도 손안에 쏙 들어오는 스마트폰 하나만으로 모든 것을 척척 해냅니다. 가령 스마트폰의 인공지능은 주인이 원하는 것을 바로바로 보여주고 집이나 주인이 선택한 공간을 원하는 방식으로 컨트롤합니다.

알고 있다시피 가전제품은 이미 인공지능 센서를 탑재해 소비자의 니즈에 부응하고 있습니다. 이처럼 4차 산업혁명은 시작 단계부터 우리의 마음을 설레게 하고 행복한 미래를 꿈꾸게 만들고 있습니다.

다른 한편으로 우리는 4차 산업혁명을 다른 시각으로 들여다볼 필요가 있습니다. 빛이 있으면 어둠도 있는 법인데 4차 산업혁명이 안겨주는 풍요로움 뒤에는 그 반대로 빈곤이 숨어 있습니다.

SF영화를 보면 흔히 두 부류의 사람이 등장합니다. 한 부류는 기술의 혜택을 누리는 부유층이고, 다른 한 부류는 기술의 노예로 살아가는 빈곤층입니다. 그것은 그저 한 편의 재미있는 영화에 불과하다고요? 그렇지 않습니다. 지금과 같은 기술 발달 수준이면 머지않아 그런 일이 현실로 나타날 것입니다.

대표적으로 '노동의 종말'을 암시하는 일이 이미 벌어지고 있습니다. 이 용어는 1996년 유명한 사상가이자 경제학자인 제레미 리프킨 교수가 저술한 책의 제목이기도 합니다. 그는 그 책에서 핵심적인 문제를 제기하고 있습니다.

"과연 첨단 기술 정보사회가 인간을 노동으로부터 해방시키는 유토피아를 낳을까?"

이와 함께 그는 전 세계 실업자가 10억 명으로 늘어난 지금,

기술 진보가 실업자를 양산한다고 외치며 그 대책을 기술하고 있습니다.

이제껏 인간이 하던 노동을 인공지능과 로봇이 대체하는 사례는 갈수록 늘어나고 있습니다. 물론 현실이 SF영화와 똑같이 되리라는 법은 없으나 4차 산업혁명 시대는 우리 삶의 갈림길이 될지도 모릅니다.

[05 **4차 산업혁명의 꽃, 메타버스**]

우리가 코로나19 팬데믹으로 현실에 안주하고 있을 때에도 기술의 발전은 거듭되어 왔습니다. 통신의 고도화와 코로나19 팬데믹에 따른 비대면 추세 가속화가 낳은 메타버스(Metaverse)가 바로 그것입니다.

메타버스는 '가상', '초월' 등을 뜻하는 영어 단어 '메타(Meta)'와 우주를 뜻하는 '유니버스(Universe)'의 합성어로, 현실 세계와 같은 사회 · 경제 · 문화 활동이 이뤄지는 3차원의 가상 세계를 말합니다. 유명한 영화인 매트릭스를 생각하면 이해하기가 쉬운데 메타버스는 가상 현실보다 한 단계 더 진화한 개념이며 아바타를 활용해 가상공간에서 실제 현실과 같은 사회 · 문화적 활동을 할 수 있다는 특징이 있습니다.

코로나19 팬데믹 이후 비대면 디지털 사회가 본격화되면서 메타버스의 열풍은 경제, 사회, 문화까지 전반적인 산업 생태계를 송두리째 바꿔놓을 미래 먹거리로 각광받고 있습니다.

따라서 직업의 세계는 또 한 번 큰 변화의 바람이 불고 있습니다. 디지털 콘텐츠, 보안 및 운영체계, NFT(디지털 자산화 지원 기술) 관련 신 직업군이 유망한 직업으로 떠오르고 있으며, 근래에는 프로그램 개발자가 엄청난 인기를 끌며 여러 업체의 모시기 경쟁까지 이어지고 있습니다.

이와는 반대로 오프라인 관련 직업군인 종업원, 매장 계산원, 보험판매원 등 로봇이 대체할 수 있는 직업들은 급격히 사라지고 있습니다.

몇 년 전만 해도 로봇이 종업원 대신 주문을 받고 음식을 나르는 것은 상상 속에 있었으며 무인점포는 보안 문제로 현실과 동떨어져 보였습니다. 그러나 이제는 모든 것이 불가능을 넘어서고 있습니다.

지금도 그렇지만 빈부의 격차는 갈수록 커질 전망입니다. 시대에 부응하는 직업을 선택한 사람은 영화에서처럼 기술의 혜택을 온전히 누리며 사회의 주역으로 살아가겠지요. 반대로 4차 산업혁명을 지나가는 바람으로 느끼는 사람은 그 바람에 휩쓸려 모든 것을 잃고 새로운 빈곤층으로 전락할 가능성이 큽니다.

아직 늦지 않았습니다. 가급적 새로운 시대의 밝고 찬란함을 즐길 날을 고대하며 사람과 사람 사이의 휴머니즘을 기반으로 돈을 버는 직업을 선택하십시오. 그 대표적인 직업이 바로 네트워크 마케팅 사업에 종사하는 네트워커입니다. 네트워커는 철저히 사람을 중심으로 사업을 전개해 사람에게 많은 혜택을 안겨주는 일을 합니다.

다음 장에서 그 내용을 좀 더 깊이 살펴봅시다.

제3장

직업의 판을 바꿀 네트워크 마케팅

'네트워크 마케팅' 은 포털 검색 사이트에서 쉽게 검색이 가능한 경제용어로 그 정의를 살펴보면 다음과 같습니다.

"네트워크 마케팅은 기존의 중간 유통 단계를 배제해 유통 마진을 줄이고 관리비, 광고비, 샘플비 등 여러 가지 비용을 없앤 유통 시스템입니다. 덕분에 회사는 소비자에게 제품을 싼값에 직접 공급하고 회사 수익의 일부를 소비자에게 환원합니다. 이러한 네트워크 마케팅은 프로 세일즈맨이 아니라 보통 사람이 하는 사업입니다."

쉽게 말해 네트워크 마케팅에서는 지금까지 소비만 하던 소비자가 제품력이 뛰어난 소비재를 생산자(네트워크 마케팅 회사)와 직거래로 사용해보고, 그 훌륭한 제품력을 구전(입소문)으로 주변 사람들에게 전달합니다. 그러면 네트워크 마케팅 회사는 그 대가로 소비자에게 현금 캐시백을 제공합니다. 한마디로 네트워크 마케팅은 기존의 유통과 개념이 전혀 다른 신유통 방식입니다.

[01 네트워크 마케팅 진실과 오해]

대학의 논문으로 출발한 네트워크 마케팅은 1980년대 자본주의 강국인 미국에서 사업화가 되었습니다. 그 이후 1990년대 일본을 거쳐 2000년대 초에 본격적으로 한국에 알려지게 되었습니다. 그런데 아직도 많은 사람이 '네트워크 마케팅' 이라고 말하면 다단계로 오해하고 있습니다. 도대체 그 이유가 무엇일까요? 그 답은 바로 일본에서 네트워크 마케팅이 한국으로 유입된 역사적 사건과 연관이 있습니다.

우리나라는 1988년 처음 개최하는 서울올림픽을 통해 전 세계에 알려지는 계기가 되었습니다. 올림픽을 통해 새로운 문화가 유입되면서 그 계기로 일본 직접판매 업체들도 우리나라에 진출하기 시작했습니다.

그중에 하나가 '산융산업' 이라는 다단계판매 기업인데 이는 이미 잘 알려진 '숭민코리아(SMK)' 의 전신입니다. 1988년 산융산업은 고가의 자석요를 불법적인 유통방식으로 무분별하게 판매하여 사회적 물의를 일으켰습니다. 이것이 바로 그 유명한 '제팬 라이프 사건' 인 것입니다.

그 이후 잊을만한 시간이 지났을 때 '제이유 네트워크' 라는 사기조직에 의해 네트워크 마케팅은 또 한 번 충격적인 사회적 이슈가 되었습니다.

이미 언론 보도를 통해 잘 알려졌다시피 '제이유 네트워크'의 '주수도 회장' 은 과거 3년여 동안 10여 개에 이르는 제이유 그룹 계열사를 운영하면서 [소비생활 공유 마케팅]이라는 독특한 판매 기법으로 연평균 매출액 2조 원대에 이르는 거금을 끌어모았습니다. 그가 주장한 소비 생활 공유 마케팅이란 생필품 하나만 사도 물건값의 250%에 이르는 수당을 주겠다는 환상적인 마케팅 방식이었습니다. 그러나 이는 대다수 국민이 현혹될 수밖에 없는 '불법적인 다단계 판매' 방식이었습니다.

과거의 이런 불법 다단계 회사는 일명 '사람 장사' 로 돈을 벌었습니다. 회원이 새로운 사람을 데리고 오면 그 사람에게 무조건 제품을 강매했고 그 제품비에 일정 부분을 소개한 사람에게 주었습니다. 회사는 이렇게 닥치는 대로 물건을 팔게 했습니다. 또 인지도가 높은 사람들에게 로비하여 마치 회사가 잘되고 있는 것처럼 과장광고를 했습니다.

그들이 제시한 사업방식은 처음에는 일반인들에게 엄청난 비전이 되었습니다. 그러나 그것도 잠시, 시간이 지날수록 그들의 유통방식은 사기행각으로 드러났습니다.

정통 네트워크 마케팅을 모방한 초기 불법 다단계 회사는 우리 사회에 엄청난 파장을 몰고 온 세기의 사건으로 기억되고 있으며 결국 그로 인해 지금도 많은 사람이 '네트워크 마케팅' 사업에 색안경을 쓰고 보게 된 것입니다.

우리 사회가 '제팬 라이프' 와 '제이유 네트워크' 라는 엄청난 다단계 사기극을 겪으면서 결국 정통 네트워크 마케팅 회사도 불법인 듯 오해를 받아 왔고 이런 피해로부터 업계와 소비자를 보호하기 위해 법과 사회가 움직였으며 그 제도에 맞게 새로운 명칭들이 생겨났습니다.

이 결과 법적 용어를 '네트워크 마케팅' 이 아닌 '사업 권유 거래' 로 명명하게 되었고 네트워크 마케팅의 중추 기관인 '직접판매공제조합' 에서도 다단계 판매라고 알려져 있는 명칭을 업계를 대표할 적절한 명칭인 '회원 직접판매' 로 바꾸면서 이미지 쇄신에 힘쓰고 있습니다.

[02 시대의 변화를 선도하는 네트워크 마케팅]

많은 경제학자와 미래학자가 네트워크 마케팅을 새로운 유통 방식이자 모두가 주목해야 할 사업으로 인식하고 있습니다.

유통방식의 변화

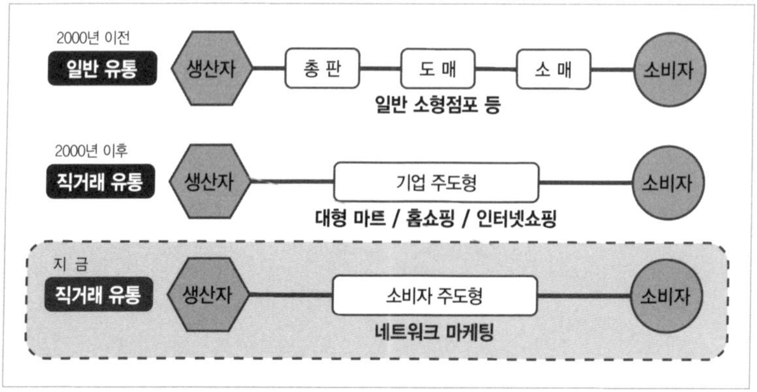

오늘날 첨단 기술과 교통, 통신 그리고 인터넷의 발달로 유통 구조는 점점 단순화되고 있습니다. 무엇보다 사람들이 복잡한 유통 단계의 폐해를 절감하면서 생산자와 소비자 사이에 직거래가 활성화되고 있습니다. 더구나 수요보다 공급이 넘쳐나는 시절이다 보니 기업은 매출 증대를 위해 회원제 판매방식을 채택하는 경우가 많습니다. 소비자 회원에게 제품을 더욱 저렴하게 공급하고 캐시백을 지급해 재구매를 유도함으로써 매출 상승을 꾀하는 것이지요.

결국 더 좋은 제품을 더 싸게 구입하길 원하는 소비자들이 자연스럽게 직거래 유통과 캐시백을 환영하면서 소비자 주도형 유통 방식이 자리를 잡기 시작했습니다.

세계적인 경제학자 앨빈 토플러는 1980년대에 출판한《부의 미래》에서 네트워크 마케팅의 주체인 '프로슈머(Prosumer)'에 관해 처음 언급했습니다. 프로슈머는 '생산자(Producer)'와 '소비자(Consumer)'를 합성한 말로, 이것은 소비자가 소비를 비롯해 제품 개발과 유통 과정에까지 참여하는 '생산적 소비자'로 거듭나는 것을 의미합니다.

여기서 프로슈머라는 용어를 꺼낸 이유는 네트워크 마케팅 사업의 주체가 바로 프로슈머이기 때문입니다. 프로슈머 형태는 현재 우리의 생활 깊숙이 들어와 있습니다. 단지 우리가 인식하지 못할 뿐이지요.

예를 들어 대기업이 활용하는 휴대전화 체험단은 생산형 프로슈머이고, 네트워크 마케팅 회사와 제휴를 맺고 입소문으로 캐시백을 받는 사람은 유통형 프로슈머입니다. 또 신용카드를 사용하고 현금에 준하는 포인트를 받는 사람은 소비형 프로슈머입니다.

유통형 프로슈머가 바로 우리가 일반적으로 생각하는 네트워커입니다.

미국의 한 유명 방송국은 네트워크 마케팅 사업을 경제 불황을 뛰어넘게 해줄 '기회'로 소개했습니다. 중국에서는 국영방송이 네트워크 마케팅 회사를 직접 소개하기도 했지요. 한국에서도 방송과 지하철에서 직접판매공제조합과 제품을 홍보하고 있습니다.

한때 그토록 오해와 편견 속에서 왜곡된 시선을 받았던 네트워크 마케팅이 이 정도 위치에 오르고, 각 신문의 경제 용어 검색 페이지에 올라 있는 것만으로도 네트워크 마케팅이 시대적 조류라는 것을 충분히 짐작할 수 있을 것입니다.

03 '네트워커'라는 직업

네트워크 마케팅 사업에 대체 어떤 이점이 있기에 그 사업이 지금까지 승승장구하며 기반을 닦아온 것일까요? 왜 그토록 많은 사람이 네트워커를 직업으로 선택하는 것일까요?

사람이 생명 활동과 사회활동을 이어가는 데 돈은 필수적인 조건입니다. 그 조건을 충족시키기 위해 세상을 구성하는 대다수의 인구는 직업을 갖고 살아갑니다. 직업을 갖는 것이 곧 돈을 버는 길이라고 생각하기 때문입니다.

지금까지 많은 사람이 직업이 있어야 돈을 벌어 안정적인 생활을 할 수 있다고 생각해왔습니다. 그런 까닭에 자기 삶의 대부분을 직업에 투자해왔지요. 우리는 인생의 절반을 잠에 투자하고 나머지 절반은 직장생활에 투자한다고 해도 과언이 아닌 생활을 하고 있습니다.

그런데 이제 4차 산업혁명 시대를 경험하며 우리 시대의 직업이 요동을 치고 있습니다. 지금까지 많은 직업이 생겨나고 사라지기를 반복해왔는데 21세기의 4차 산업혁명은 그 변화를 더욱 심화하고 있습니다.

하지만 사람들의 생각은 아직 변치 않았습니다. 사람들은 과거에도 그랬지만 지금도 자신의 삶을 위해 완벽한 직업을 찾고 있지요. 똑같은 시간을 투자해 더 많은 돈을 벌고 오랫동안 안정적으로 일할 수 있는 직업을 원하는 것입니다.

과연 그런 직업이 있을까요? 그 관점에서 권해 드리는 직업이 바로 네트워커입니다.

4차 산업혁명 시대에 네트워크 마케팅 사업에는 어떤 장점이 있을까요? 개인이 네트워커를 직업으로 선택한다면 어떤 미래를 보장받을 수 있을까요? 결론부터 말하자면 4차 산업혁명 시대를 맞이해 개인이 오랫동안 안정적으로 큰돈을 벌 수 있는 일 중 하나가 바로 네트워크 마케팅 사업입니다.

지금부터 그 이유를 자세히 알아보겠습니다.

첫 째 네트워크 마케팅 사업은 오직 사람만이 할 수 있는 일입니다.

4차 산업혁명 시대의 단순노동직업은 모두 로봇으로 대체될 것입니다. 이미 고속도로 요금소 계산원, 대형마트 계산원의 절반 이상을 자동화 시스템이 대체했습니다. 심지어 새롭게 오픈한 아마존 숍은 모바일과 연결된 시스템이 고객을 응대하고 결제까지 책임지는 유비쿼터스 숍입니다.

많은 서비스 기업이 사람의 감정 노동이 필요 없는 분야를 과감하게 자동화하고 있습니다. 사람의 감정이 기업의 성장과 매출에 큰 도움이 되지 않는다는 것을 알기 때문입니다. 이에 따라 사람들을 해고하고 그 자리에 인공지능과 로봇을 투입하고 있습니다.

반대로 네트워크 마케팅 사업은 사람의 감정을 다루는 직업이기에 오직 사람만이 할 수 있습니다. 네트워크 마케팅 사업은 시스템 자체가 사람의 소비를 다루고 그 속에서 사람들이 재화를 창출하는 일입니다. 사람이 생필품을 더 싸고 효과적으로 사용하도록 하는 데 사람의 감정을 활용하고, 그 대가로 돈을 버는 시스템이지요.

많은 네트워크 마케팅 회사의 보상플랜이 개인이 구축한 인적 네트워크의 규모에 따라 소득 비율을 달리하고 있습니다. 대개는 네트워크 마케팅 회사가 제품 개발까지만 책임지고 마케팅과 판매는 개인에게 위임해 서로 윈윈하는 시스템을 갖추고 있습니다. 따라서 네트워크 마케팅 사업은 사람 중심 비즈니스입니다. 특히 이 시스템에서는 감정도 꼭 필요한 요소라 각 시스템은 개인의 역량을 키우도록 교육 기회를 제공합니다.

돈을 더 벌기 위해 사람을 배제하는 기업 환경 속에서 오히려 돈을 벌기 위해 사람과 그들의 감정을 적극적으로 활용하는 네트워크 마케팅 사업이 4차 산업혁명 시대에도 계속 성장하는 것은 당연한 일이 아닐까요?

둘 째 **환경에 순항하는 단순한 시스템입니다.**

소규모 점포를 하나 운영해도 신경 쓸 일이 정말 많습니다. 여기에다 운 나쁘게도 뉴스에 좋지 않은 기사라도 나오면 관련 업종은 초비상에 걸립니다. 심지어 존폐위기에 놓인 사람도 생기지요.

대규모 사업체를 운영해도 요즘 같으면 밤잠을 설치기 일쑤입니다. 전 세계가 코로나19 팬데믹으로 인해 저성장 사이클에 들어가면서 갈수록 사업환경이 힘들어지고 있기 때문입니다.

반면 네트워크 마케팅 사업은 언택트의 바람을 타고 순항하고 있습니다. 그뿐 아니라 사업 방식이 매우 단순하다는 장점도 있습니다.

요즘 같은 코로나19로 인해 오프라인이 아닌 온라인(인터넷)으로 변화가 폭발적으로 증가하고 있는 상황에서 네트워크 마케팅은 새로운 변화를 하고 있습니다.

비대면 방식의 유튜브와 줌미팅으로 사업과 제품을 소개합니다. 굳이 만나지 않아도 인터넷 세상에서 소통과 공유로 사업을 확장시킬 수 있습니다. 제품 또한 시대 흐름과 발맞춰 나가고 있습니다. 타사 유통보다 발 빠르게 움직이는 네트워크 마케팅 회사는 코로나19와 같은 바이러스에 대처하는 면역증강 건강식품과 청결, 위생에 강점을 둔 생활용품, 위생용품을 필두로 매출이 늘고 있습니다.

전체 산업을 제조, 유통, 마케팅으로 나누면 네트워크 마케팅 사업은 마케팅에 속합니다. 사업전개 시 개인이 가장 힘들어하는 제조, 물류, 회계, 배송 등은 네트워크 마케팅 회사가 담당하고 나머지 홍보, 판매를 포함한 마케팅만 네트워커가 하는 것입니다. 다시 말해 네트워크 마케팅은 네트워커의 사업 리스크를 최소화로 안심시키고 네트워커는 마케팅에만 집중하면 됩니다.

네트워커들이 심사숙고할 부분은 오로지 '잘 만든 네트워크 마케팅 제품을 어떻게 효율적으로 알려 많은 소비자 회원을 모집할 것인가' 하는 것뿐입니다.

셋 째 비전이 굉장히 큰 사업입니다.

직장인들은 흔히 "이 회사에는 비전이 없다." 라는 말을 자주 합니다. 그런데 아이러니하게도 그들은 월급 때문에 비전이 없는 회사를 그만두지도 못하고 전전긍긍하며 살아갑니다.

비전이 단지 소득의 크기로만 결정되는 것은 아닙니다. 비전은 소득의 확장성뿐 아니라 성취감과 앞으로의 발전 가능성까지 담아내야 합니다. 이러한 비전을 고려한다면 반드시 네트워크 마케팅 사업을 검토해 보기 바랍니다.

네트워크 마케팅 사업에는 소득의 무한 확장은 물론 현재의 삶을 윤택하게 하고 후세에게도 커다란 혜택을 줄 기회와 가능성이 풍부합니다. 나아가 다른 사람의 인생까지 긍정적으로 바꿔놓을 수 있습니다. 한마디로 네트워커는 비전이 있는 직업입니다.

[04 기존 직업과 네트워크 마케팅 사업의 차이]

현재 직장생활을 하는 사람들은 자신이 다니는 직장에 대해 어떤 생각을 하고 있으며 자신의 직업에 얼마나 만족할까요?

전문 통계업체의 분석에 따르면 많은 직장인이 이직을 고려하고 있다고 합니다. 자신이 하는 일에 비해 받는 돈(월급)이 적거나 업무가 과도할 때 또는 사람들과의 사이에 갈등이 생길 때 직장인은 더 좋은 일자리를 찾아 떠납니다.

따라서 능력만큼 따라오는 보수, 단순한 업무, 다양한 사람을 사귈 수 있는 기회 등의 장점을 보고 인생을 바꾸고자 하는 많은 사람이 네트워크 마케팅 사업을 선택하고 있습니다.

이 두 가지에 어떤 근본적인 차이가 있기에 이러한 결과가 나타나는 걸까요? 그럼 이 부분을 좀 더 자세히 살펴봅시다.

1) 투자 대비 얻는 재화

기존 직업은 '노동=돈'이라는 공식을 철저히 따릅니다. 세상에 존재하는 대다수 직업에는 노동력이 필요하기에 지금도 이 공식은 일반인에게 불문율처럼 여겨지고 있습니다. 일하지 않으면 돈은 결코 벌 수 없다는 얘기지요.

그래서 돈을 더 벌고 싶어 하는 사람은 시간을 더 많이 투자합니다. 예를 들자면 직장인은 노동시간을 더 늘려 더 많은 돈을 벌고자 합니다. 이것이 일반적인 직업의 현실입니다.

그러면 네트워크 마케팅 사업은 어떨까요? 물론 네트워크 마케팅도 '노동=돈'이라는 공식에서 출발합니다. 처음 사업에 입문하면 열심히 소비자 회원을 모집해야 하니까요. 그런데 6개월에서 1년 정도 집중하면 '노동=돈'의 공식을 뛰어넘게 됩니다. 그 이유는 네트워크 마케팅 사업에는 '복제의 공식'이 있기 때문입니다.

복제의 공식

노동	1	1	1	1	1	1	1	1	1	1
복제	1	2	4	8	16	32	64	128	256	512

앞의 그림을 보면 일반 직업은 모든 개인에게 '노동=돈' 의 공

식이 적용됩니다. 즉, 각각의 사람에게 노동의 대가에 따라 돈을 주므로 내가 없으면 돈도 없습니다. 반면 복제의 공식이 존재하는 네트워크 마케팅에서는 개인이 '노동=돈' 의 공식을 복제한 만큼 돈이 늘어납니다. 많은 사람이 이 부분을 의아하게 여기지만 이 공식을 합법적으로 인정하는 곳이 바로 네트워크 마케팅 사업입니다.

네트워크 마케팅에서도 '나' 는 처음에 '노동=돈' 의 공식으로 출발합니다. 즉, 처음에는 자신이 제품을 써 본 경험을 토대로 나와 같은 소비자 회원을 모집하고 회원 매출에 따라 일정 부분을 [후원수당]으로 받습니다. 하지만 여기서 끝나는 것이 아니라 내가 돈을 버는 방법을 다른 사람(내가 만든 소비자 회원)에게 가르쳐줍니다.

그러면 그 사람도 '나'와 같이 '노동=돈'이란 공식에 따라 돈을 벌기 시작합니다. 이렇게 복제한 대가로 '나' 는 소비자 회원의 매출에서 일정 부분을 추가 소득(후원수당)으로 받습니다. 이 얼마나 매력적인 일인가요?

여기서 특히 주목할 것은 소득의 차이입니다. 분명 기존 직업과 네트워크 마케팅은 모두 '노동=돈' 이라는 공식으로 출발합니다. 그러나 네트워크 마케팅은 노동에 따른 수입에 멈추는 것이 아니라 그 돈이 지속적인 소득으로 이어집니다. 이렇게 이뤄질 수 있는 결정적인 이유는 품질이 뛰어난 제품력 때문에 회원이 모이면 그들을 통해 지속적인 재구매가 이루어지기 때문입니다. 다시 말해 회원들은 제품력 때문에 충성도가 높은 소비자가 될 수 있으며 그들을 통해 지속적인 소득 발생이 가능하다는 뜻입니다. 여기서 지속적인 소득이 '권리 소득'이며 임대소득, 주식배당금, 이자 등과 같은 매력적인 소득입니다. 소위 부자들의 소득이지요. 권리 소득에 관한 내용은 다음 장에서 더욱 자세히 다루도록 하겠습니다.

2) 시간적, 경제적 자유

직장인들이 항상 쏟아내는 불만 중 가장 큰 부분을 차지하는 것이 돈과 시간이 없다는 것이지요. 새로운 일을 하려면 추가 시간이 필요한데 시간이 없고, 하고 싶은 것은 많아도 돈이 없다는 얘기입니다.

특히 일자리가 부족한 요즘에는 회사에서 잘리지 않기 위해 더 열심히 일해야 하는 탓에 가족과 시간을 보내기는 커녕 마음대로 쉬지도 못하는 상황입니다. 이러한 시간적, 경제적 빈곤 속에서 탈출하고 싶습니까? 그렇다면 과감하게 네트워크 마케팅 사업을 선택해 미래를 설계해 보는 것은 어떨까요?

네트워크 마케팅 사업은 현명하게 일하는 방법을 제시합니다. 물론 처음에는 기존 직업과 마찬가지로 하루하루를 바쁘게 보내야 합니다. 무엇이든 처음 접하는 일은 생소하므로 익숙해지는 데 더 많은 시간을 투자할 수밖에 없지요. 그러나 이 과정을 6개월에서 1년 정도 지속하면 기존의 직업 못지않은 성과를 낼 수 있습니다.

무엇보다 내가 하고자 하는 일과 원하는 시간대에 집중해서 일할 수 있고, 일의 집중도에 따라 단시간에 시간적 여유도 생깁니다. 더 신기한 것은 시간적 여유가 생기면서 경제적 여유도 생긴다는 점입니다. 이것은 앞서 말한 '복제의 공식'에 따른 결과입니다.

일할수록 그 난이도가 쉬워지고, 시간이 지날수록 경제적 자유를 얻는 네트워크 마케팅 사업을 지금 바로 검토해 보는 것이 시간적, 경제적 자유를 누리는 현명한 방법입니다.

3) 직업을 위한 능력이 아닌 인생을 위한 능력

직장인은 직업을 얻기 위해 능력을 기르고 취업 중에도 더 좋은 직업을 향해 계속해서 능력을 갈고닦습니다. 요즘 취업을 준비하는 사람들은 기본적으로 2~3개 이상의 자격증을 보유하고 있지요. 그러면서도 더 좋은 직업을 갖기 위해 더욱더 열심히 공부합니다.

과연 이들의 노력은 더 나은 인생을 위해 온전히 쓰일까요?

곰곰이 생각해보면 이들은 더 나은 직업을 위해 지속적으로 자신에게 투자하는 셈입니다. 이것이 직업을 위한 능력을 기르는 일입니다. 이 시대에 가장 안정적인 직업이라는 공무원의 현실을 보십시오. 이들은 진급을 목표로 열심히 공부해 능력을 키웁니다. 마찬가지로 일반 직장인들도 승진을 위해 혹은 더 나은 직장으로 옮겨가기 위해 능력을 기릅니다.

그런데 공교롭게도 이들의 능력은 직장 밖의 삶과 동떨어져 보입니다.

세상이 빠르게 변화하면서 돈을 버는 업종과 방법이 수시로 바뀌고 있는데 한 업계에서 1등을 한다고 변화하는 세상에서 살아남을 수 있을까요? 세계적인 베스트셀러 《부자 아빠, 가난한 아빠》의 저자인 로버트 기요사키는 이런 말을 했습니다.

"직장에 들어가기 전에 네트워크 마케팅 사업을 먼저 해보고 직업을 선택하라."

그만큼 네트워크 마케팅 사업은 한 직업에 얽매이지 않고 여러 분야를 아우르는 일입니다. 세상이 돌아가는 이치, 사람과의 관계, 사업의 기본을 배울 최고의 기회 중 하나지요.

네트워크 마케팅 회사와 그룹이 제공하는 교육 시스템은 필요한 능력을 가르칠 뿐 아니라 인생의 지혜도 얻게 해줍니다. 네트워크 마케팅에서는 확실한 자기 계발로 자신이 주인공인 인생을 살 수 있습니다.

4) 경제적 은퇴와 상속

'80:20의 법칙' 즉, 파레토 법칙은 세상에 존재하는 돈에도 적용됩니다. 세상에는 20% 이하의 사람들이 80% 이상의 돈을 갖고 있다는 것이지요. 대한민국만 해도 소수의 부동산 부자들이 전체 땅의 80%를 소유하고 있습니다.

결론적으로 세상 사람들의 80%는 부자들이 만든 시스템을 기반으로 돈을 벌고, 부자들이 소유한 땅 위에서 생활하는 셈입니다. 경제적 은퇴와 상속은 일반인에게 상상도 할 수 없는 일이지요.

당장 주변 사람들에게 물어보십시오.

은퇴? 상속? 이것은 그들에게 그저 한숨만 나오는 단어입니다. 더구나 일자리가 줄어들고 기대수명은 늘어나면서 일반인들의 경제적 은퇴 시기에는 기약이 없습니다.

자녀들 뒷바라지로 노후를 대비하지 못한 일반인은 겨우 남아 있는 집 한 채를 노후 자금으로 사용합니다. 심지어 집 한 채조차 없는 어르신들도 많습니다. 이것이 현재 일반인의 경제 현실이지요. 더구나 평생을 직장 생활에 바친 사람 중 과연 몇 명이나 경제적 은퇴와 상속을 논할 수 있을까요?

정말로 경제적 은퇴와 상속을 원한다면 그럴 가능성이 충분한 무언가를 빨리 찾아야 합니다. 아무리 고민해도 시원한 해결책이 보이지 않는다면 네트워크 마케팅 사업을 검토해보십시오. 네트워크 마케팅 사업이 은퇴와 상속을 논할 만한 경제적 지위를 찾아줄 것입니다.

네트워크 마케팅 사업에서는 열심히 구축한 소비자 네트워크를 기반으로 지속적인 소득 창출이 가능합니다. 그리고 그 소득을 2세에게 그대로 물려줄 수 있는 시스템이 갖춰져 있습니다. 따라서 여러분은 네트워크 마케팅 사업으로 얼마든지 행복한 인생을 설계할 수 있을 것입니다.

5) 물질과 능력 기부

네트워크 마케팅 사업에서는 다른 사람의 인생까지도 변화시킬 수 있습니다. 현재 네트워크 마케팅 회사와 그룹에서 무료 또는 소정의 비용만 받고 퀄리티 높은 인생 교육을 가르쳐 주고 있습니다.

이 교육 과정의 목적은 사업을 배우는 것을 넘어 인생을 현명하게 살아가도록 하는 데 있습니다. 이것은 일반 교육 과정과 비교해도 손색이 없을 만큼 고품질을 자랑합니다. 실제로 많은 네트워커가 이 과정을 통해 사업에서 성공하고 있을 뿐 아니라 다른 사람이 성공하도록 큰 도움을 주고 있습니다.

또한 네트워크 마케팅 회사는 자체적으로 기부 문화를 정착시켜 여러 방면으로 나눔을 실천하고 있습니다. 소비자가 제품을 하나 구매할 때마다 자동으로 기부되거나 기부를 위한 비영리재단을 만들어 지속해서 나눔을 실천하고 있습니다.

네트워커들 역시 자신의 후원수당 중 일부를 스스로 기부하며 타인을 꾸준히 돕고 있습니다. 아예 기부를 사업 시스템으로 만들어놓은 네트워크 마케팅 회사도 있지요.

이처럼 네트워크 마케팅 회사와 네트워커들은 대기업이나 할 법한 엄청난 사회공헌 사업을 하나의 문화로 만들어 꾸준히 실천하고 있습니다. '나만 잘 살면 그만' 이라는 식의 개인주의가 일상인 요즘 같은 세상에 네트워크 마케팅 사업은 이웃과 함께 잘 살 수 있는 길을 안내하는 행복한 사업입니다.

다음은 일반 직업과 네트워크 마케팅 사업을 비교한 것입니다. 여러분의 현재 직업과 비교해보고 현명한 판단을 내리길 기대합니다.

일반 직업과 네트워크 마케팅 사업 비교

일반 직업	구 분	네트워크 마케팅 사업
중	추가 소득	상
중	재정적 안정	상
하	자영사업	상
하	보다 많은 시간적 여유	상
중	개인적 발전	상
중	다른 사람을 도움	상
중	새로운 만남	상
하	경제적 은퇴	상
하	유산 상속	상

제4장

네트워크 마케팅 사업에서 성공하기

네트워크 마케팅 사업은 요즘 같은 힘든 시기에 누구에게나 성공할 기회를 제공하는 매력적인 비즈니스입니다. 수많은 네트워커가 오늘도 열심히 네트워크 마케팅 사업을 펼치는 이유가 여기에 있습니다.

이제부터 왜 직장인들이 네트워크 마케팅 사업을 직업으로 받아들여야 하는지, 어떻게 성공의 길로 들어설 수 있는지 자세히 설명하겠습니다.

[01 같으면서도 다른 월급과 후원수당]

직장생활을 하는 사람들이 가장 관심을 보이면서도 오해를 하는 것이 네트워크 마케팅 회사가 네트워커들에게 지급하는 '후원수당' 입니다.

후원수당을 용어사전에서 검색해보면 '방문 판매 등에 관한 법률' 에 따라, 판매 수당 · 알선 수수료 · 장려금 · 후원금 등으로 정의하고 있는데, 네트워크 마케팅 사업에서는 알선 수수료가 곧 월급입니다. 그런데 지금까지도 이 후원수당에 대해 많은 사람들이 잘못된 편견을 갖고 있지요. 네트워크 마케팅은 사람을 이용해서 돈을 번다는 안 좋은 생각을 사람들이 갖고 있기 때문입니다.

그 이유를 들여다보면 이는 과거 불법 피라미드, 다단계 피해사례에서 발생한 오해입니다. 불법적인 회사는 회원 모집인이 지인을 데리고 오게 해서 그들에게 자사 제품을 강매하고 그 매출의 일정 부분을 모집인에게 수당으로 지급했습니다. 그래서 건전한 네트워크 마케팅도 사람장사라는 잘못된 고정관념이 생기게 되었습니다.

사실 네트워크 마케팅 후원수당은 물건을 팔아서 남기는 마진이 아니라 소비자가 제품을 잘 사용하고, 후배 사업자가 사업을 잘할 수 있도록 후원한 댓가입니다.

매달 지급받는 네트워커들의 후원수당은 그 지급 형태가 월급과 같지만 직장인의 월급과는 분명 그 개념이 다릅니다. 그 차이를 다음의 표에 보기 쉽게 정리했습니다.

후원수당과 월급의 차이점

후원수당	구 분	월 급
주별(주급), 월별(월급) 지급	지급 주기	매달 정해진 날짜에 1회 지급
회사의 보상플랜에 따라	책정 방법	회사 내규에 따라
없음	기본급	회사가 정한 기본급
유통망의 크기와 매출 규모, 직급	산정 기준	시간, 노동, 직급
무한함	소득 규모	제한적
소득 발생의 연속성	장점	소득의 안정성
시간적, 경제적 자유	비전	없음

1) 책정 방법

후원수당과 월급의 책정 방법

후원수당	구 분	월 급
회사의 보상플랜에 따라	책정 방법	회사 내규에 따라
네트워크 마케팅 회사가 정한 합리적인 보상플랜에 따라 지급한다.	추가 설명	회사 내규에 따라 급여를 책정하며 대부분의 회사에서 회사 대표가 내규에 관여한다.

네트워크 마케팅 사업의 제품 기획과 개발은 네트워크 마케팅 회사가 하고 마케팅은 네트워커에게 위임하는 윈윈(Win-Win) 구조입니다. 따라서 네트워크 마케팅 회사가 높은 매출을 달성하려면 네트워커들이 사업에만 집중할 수 있도록 확실하게 보상해 줘야 합니다. 그렇지 않으면 새로운 네트워커 유입보다 기존 네트워커 유출이 더 늘어나 경영 악화로 이어질 것이 불을 보듯 뻔하기 때문입니다.

결국 네트워크 마케팅 사업의 수익 구조가 네트워커의 활동과 직결되므로 보상플랜도 그들이 원하는 방향으로 움직입니다. 더 신뢰할 수 있는 부분은 보상플랜을 미리 고지한다는 점입니다. 만약 회사가 보상플랜을 바꿀 경우에는 최소 6개월 전부터 회사의 공식 루트를 통해 네트워커와 회원에게 널리 알리고 숙련 기간을 반드시 거칩니다.

반면 일반 회사의 월급은 회사 내규에 따라 회사 입장에서 책정합니다. 그나마 대기업은 확실한 경영 마인드와 사회 공헌이라는 명분과 경영진을 견제하는 직원 노조가 존재하기에 책정 방법에 객관성이 있는 편입니다.

그러나 대한민국 기업의 대부분을 차지하는 중소기업 이하는 회사 대표가 마치 특권처럼 힘을 휘둘러 월급을 책정합니다. 특히 요즘처럼 어려운 시대 상황에서 중소기업은 생존을 명목으로 월급을 삭감하기 일쑤입니다. 대표는 회사의 자금을 자기 돈처럼 사용하면서 구미에 맞게 월급 기준을 바꾸며 터무니없이 낮은 금액을 지급하며 직원들을 노동 지옥으로 내몰기도 합니다.

4차 산업혁명과 코로나19 팬데믹 시기에 일자리가 수요에 비해 공급이 매우 부족한 현실이 직장인들을 더욱 힘들게 하고 있습니다. 직원을 위한 보상 시스템은 직장인에게 꿈같은 이야기이며 자신이 오너가 되기 전에는 결코 실현될 수 없는 일입니다.

2) 기본급

후원수당과 월급의 기본급

후원수당	구 분	월 급
없 음	기본급	회사가 정한 기본급
기본급 개념은 없지만 언제든 회사가 정한 보상 규정을 달성하면 지급한다.	추가 설명	대부분 기본급에 기타 수당을 합쳐 월급으로 지급한다. 예외적으로 세일즈 분야는 기본급에 실적을 합쳐 지급한다.

네트워크 마케팅 사업을 잘 모르는 사람은 네트워커에게 회사의 기본급이 얼마냐고 물어봅니다. 아쉽게도 네트워크 마케

팅 사업에는 기본급이 없습니다. 어쩌면 많은 사람이 이 부분 때문에 네트워크 마케팅 사업에 뛰어드는 것을 주저할지도 모릅니다. 최소 몇 년, 최대 몇십 년 동안 월급에 길들여진 탓에 기본급이 없는 네트워크 마케팅 사업을 시작하는 게 두려운 것입니다.

그런데 그들이 모르는 사실이 있습니다. 그것은 네트워크 마케팅 사업에는 기본급은 없지만, 성과에 따라 확실한 보상이 따른다는 점입니다. 이는 보상의 확장성이 엄청나다는 것을 뜻하는데, 네트워크 마케팅 회사의 보상 규정에 명시되어 있으며 회사의 홈페이지에서 확인이 가능합니다.

일반 직장의 기본급은 최소한의 생계를 위한 배려 같지만, 사실 회사 대표에게는 직원들의 노동력을 최대한 착취하기 위한 꼼수에 불과합니다. 좀 더 쉽게 말하자면 기본급은 회사가 리스크를 최소화하면서 더 많은 직원을 채용하기 위한 미끼 같은 것입니다. 그중에서 월등히 일을 잘하는 사람을 찾으면 회사는 실적이 미미해서 그만둔 사람에게 발생한 리스크의 몇십 배 이상을 거둬들일 수 있지요.

우리는 이것을 정확히 인식해야 합니다. 기본급은 보통 실적을 중시하는 영업사원이나 판매사원이 많은 회사에서 채택하는 월급 방식입니다. 폭넓게는 일반 직장에도 기본급이 있지만 월급을 연봉 방식으로 책정하는 요즘 일반 직장의 기본급은 큰 의미가 없습니다.

3) 산정 방식

후원수당과 월급의 산정 방식

후원수당	구 분	월 급
유통망의 규모, 직급	산정 방식	시간, 노동, 직급
내가 구축한 네트워크의 규모에 따라 직급과 소득이 결정된다.	추가 설명	일에 투자한 시간, 노동 정도에 따라 직급과 소득이 결정된다.

후원수당과 월급은 완전히 다른 개념으로 산정합니다.

월급은 오래전부터 시간과 노동의 정도로 결정했습니다. 일주일에 며칠을 근무하고 어떤 일을 할 수 있느냐에 따라 급여액수가 정해집니다. 그러나 후원수당은 며칠을 근무하고 어떤 일을 하는가와 전혀 상관이 없습니다. 네트워크 마케팅 회사가 위임한 마케팅 방식에 따라 소비자를 만들고, 그 소비자가 제품을 사용하는 정도에 따라 후원수당이 늘어나 안정적인 소득을 창출하는 것입니다.

수많은 직장인이 자신의 월급보다 훨씬 더 많은 일을 하며 힘겹게 버티고 있습니다. 즉, 그들은 법으로 정한 주 5일 근무와 주 40시간이라는 노동시간 이상으로 일하며 늘 불평합니다.

"재주는 내가 부리는데 돈은 사장이 벌어가네!"

이 표현이 딱 맞습니다. 직장인은 매년 회사가 책정한 연봉만 받는데 사장의 머릿속에는 암암리에 '직장인은 자기 연봉의 최소 세 배 이상은 일해야 한다'는 생각이 각인되어 있습니다. 더 큰 문제는 이러한 사실을 알면서도 매달 안정적으로 들어오는 월급 때문에 많은 직장인이 울며 겨자 먹기 식으로 직장을 떠나지 못한다는 것입니다.

진정으로 자신이 한 만큼 대가를 받고 싶다면, 아니 그 이상의 대가를 바란다면 월급을 거부하고 후원수당을 선택하십시오. 시간과 노동의 정도는 전혀 상관이 없습니다. 제3장에서 설명한 네트워크 마케팅을 충분히 이해하고 각 네트워크 마케팅 회사에서 제시하는 마케팅에 따라 그 회사의 제품을 애용하는 마니아를 만들면 됩니다.

이러한 마니아 소비자 집단을 이해하기 쉽게 유통망이라고 하는데, 이 유통망이 커지면 여러분은 시간적 · 경제적 자유를 얻고 막대한 부를 2세에게까지 유산으로 상속해 줄 수 있습니다. 여러분의 상사를 보고 직장생활에 비전이 없다는 생각이 든다면 네트워크 마케팅 사업을 정확히 알아보고 준비하십시오. 여러분의 미래가 희망으로 가득 찰 것입니다.

4) 소득 규모

후원수당과 월급의 소득 규모

후원수당	구 분	월 급
무한함	소득 규모	제한적
네트워크 마케팅 회사의 보상플랜에는 소득에 한계가 없다. 무한대의 소득을 벌 수 있는 구조다.	추가 설명	매달 받는 월급의 액수가 정해져 있으며 극히 제한적인 구조다.

한계가 없는 소득을 원한다면 네트워크 마케팅 사업을 시작하십시오. 능력에는 한계가 있을지언정 소득에는 절대 한계가 없습니다. 물론 직장생활에서도 남보다 능력이 탁월하면 더 많은 월급을 받을 수 있지요. 그러나 여러분이 사장이 아니라면 그 월급 액수가 극히 제한적이라는 것은 누구나 아는 상식입니다.

후원수당의 크기는 유통망의 크기와 비례합니다. 즉 '유통망의 규모=후원수당의 크기' 입니다. 자신이 구축한 소비자 네트워크에서 제품 이동이 많이 일어날수록 후원수당 액수가 늘어납니다. 제품 이동이란 누가 얼마나 제품을 많이 사용하는가인데 당연히 소비자 집단이 클수록 많이 일어나지요.

네트워크 마케팅에서는 네트워커 개개인이 만들 수 있는 소비자 수를 정해놓지 않습니다. 국내는 물론 해외에도 소비자를 만들 수 있고 그 소비자가 또 다른 소비자를 추천하면 그 소비자도 자신의 소비자가 되므로 그 숫자는 기하급수적으로 커질 수 있습니다. 이것이 바로 무한대의 소득이 가능한 이유입니다.

네트워크 마케팅 회사의 마케팅을 이해하는 능력 하나만 있으면 다양한 능력을 요구하는 직장보다 더 안정적이고 큰돈을 벌 수 있는 일이 바로 네트워크 마케팅 사업입니다.

5) 장점

어떤 일에든 분명한 장점은 있습니다. 중요한 것은 그 장점이 겉보기에만 그런 것인지 아니면 진짜 장점인지 분별하는 일입니다. 그 관점에서 후원수당과 월급이 각각 내세우는 장점을 비교해보겠습니다.

후원수당과 월급의 장점

후원수당	구 분	월 급
소득 발생의 연속성	장 점	소득의 안정성
내가 구축한 소비자 그룹이 일정액 이상의 매출을 유지하면 지속적인 소득 발생이 가능하다.	추가 설명	직장에 다니는 동안에는 그 어떤 일보다 안정적인 생활이 가능하다.

후원수당의 장점은 소득 발생이 연속적이라는 점입니다. 다시 말해 네트워크 마케팅 회사가 규정한 보상플랜에 따라 끊임없는 소득 발생이 가능합니다. 예를 들어 네트워크 마케팅 회사는 월 기준으로 일정액 이상의 매출이 발생하면 그에 따른 보상을 반드시 지급합니다. 네트워커가 만든 소비자 그룹에서 매달 발생하는 매출이 회사가 정한 기준 이상이면 지속적인 후원수당을 받는 것입니다.

또 후원수당은 2세에게 상속됩니다. 정말 상상만 해도 신나는 일이 아닙니까? 그런데 그 신나는 일에 많은 직장인의 도전을 가로막는 것이 있지요. 바로 월급의 안정성입니다.

사람들에게 네트워크 마케팅 사업을 권하면 그들은 소득 0원부터 시작해야 한다는 것에 큰 두려움을 느끼며 월급 뒤로 숨어 버립니다. 그러면서 그들은 네트워크 마케팅 사업에는 일정한 월급이 없어서 안정적이지 않다고 말합니다.

그러면 월급은 얼마나 안정적일까요? 분명 월급은 네트워커가 받는 후원수당에 비해 안정적입니다. 직장에 다니는 동안에는 말입니다. 사실 직장인은 직장에 다니는 동안에만 나오는 월급으로 안정적인 생활을 하기 위해 사생활을 포기하고 살아가는 셈입니다. 더 아이러니한 것은 월급의 안정성이 자기 인생을 책임지지 못한다는 것을 알면서도 그 상황에 안주하며 살아간다는 점입니다. 이것이 월급이 안고 있는 안정성의 딜레마입니다.

여기에다 그 안정성을 유지하려면 직장인들이 네트워크 마케팅 사업가에 비해 더 많은 시간과 노력을 투자한다는 사실도 알아야 합니다.

당장은 월급을 받으며 안정적으로 살아가지만 실은 많은 직장인이 월급만큼의 평생 소득이 들어오기를 바랍니다. 영원하지 않은 월급에 매달려 살아가면서 영원토록 월급을 받고 싶어하는 비논리적인 상상을 하는 것이지요. 이것이 말도 안 된다는 것은 스스로도 잘 알고 있습니다. 직장인들이 원하는 진정한 안정성은 자신이 일하지 않아도 지속적으로 소득이 발생하는 것이 아닌가요?

오늘도 많은 직장인이 일시적 안정인 월급에 만족하며 살아가고 있습니다. 하지만 그들의 마음속에는 항상 불안감이 도사리고 있지요. 월급의 안정성이 남은 인생 전부를 안정적으로 보장해 줄 수 없다는 사실을 알기 때문입니다. 오히려 그 관점에서 진정한 안정성은 소득이 연속적으로 발생하는 네트워크 마케팅의 후원수당이 아닐까요?

6) 비전

후원수당과 월급의 비전

후원수당	구 분	월 급
시간적, 경제적 자유	비 전	없 음
모든 사람이 바라는 최고의 가치다.	추가 설명	직장생활로 부자가 된 사람은 없다.

비전이란 내가 바라거나 되고자 하는 미래를 말합니다. 쉽게 말해 '미래가 밝다' 라는 표현에 들어맞으면 비전이 있는 것입니다. 그러면 후원수당과 월급 중 우리의 미래를 밝게 해주는 것은 어느 쪽일까요? 이미 앞의 〈표〉에서 그 답을 얘기했지만 좀

더 자세히 설명하겠습니다.

후원수당은 모든 사람이 받고 싶어 하는 소득입니다. 앞서 여러 차례 얘기했지만, 네트워커는 지구상의 수많은 직업 중에서 가장 많은 사람에게 커다란 혜택을 주는 직업입니다. 무엇보다 시간적, 경제적 자유를 완벽하게 실현해 주기 때문입니다.

물론 네트워크 마케팅 회사가 제시하는 조건을 완수해야 하지만, 그 조건을 완수하면 평생 그 어떤 일보다 더 큰 혜택을 누릴 수 있습니다. 한마디로 말해 후원수당은 모든 사람의 꿈을 실현해 줄 가장 이상적인 소득입니다.

반면 월급은 당장의 현실적 문제를 해결하는 수단에 불과합니다. 물론 미래를 대비한 준비를 할 수도 있지만 평생 월급을 받아 부자가 되었다는 사람은 없기에 비전이 있다고 볼 수 없습니다.

비전은 성장과 확장 가능성 그리고 그것을 유지하는 지속성이 기본 조건입니다. 이러한 조건하에 후원수당과 월급을 비교할 때 극명한 차이가 있다고 할 수 있겠습니다. 지금 당장은 비전이 없을 수 있습니다. 그러나 지금부터 비전이 있는 일을 해야 하지 않을까요?

[02 권리 소득과 후원수당]

권리 소득과 후원수당은 네트워크 마케팅 사업의 꽃이라고 해도 과언이 아닙니다. 이것은 네트워커가 네트워크 마케팅 사업을 하는 이유이기도 하는데 권리소득과 후원수당을 정확히 이해한다면 네트워크 마케팅 성공 확률이 매우 높습니다.

1) 후원수당

네트워크 마케팅은 소비만 하던 소비자가 제품력이 뛰어난 생활용품을 생산자(네트워크 마케팅 회사)와 직거래로 사용해 보고, 제품력에 반해 구전(입소문)으로 주변 사람들에게 전달하면 그 대가로 네트워크 마케팅 회사로부터 현금 캐시백을 받는 새로운 유통 방식입니다. 이때 받는 현금 캐시백이 일반적인 후원수당이지요. 이해를 돕기 위해 예시를 들어보겠습니다.

일단 지인 A가 소비자 B에게 제품을 추천합니다. 평소에 사용해온 제품이 있던 소비자 B는 지인 A의 권유로 제품을 바꾸기로 합니다. 소비자 B는 지인 A가 알려준 대로 네트워크 마케팅 회사에 회원으로 가입하고 제품을 할인가로 구매합니다. 제품을 써본 소비자 B가 만족스러워하자 제품을 추천한 지인 A도 흡족해합니다.

얼마 후 지인 A의 통장에 현금이 입금되는데, 이것은 네트워크 마케팅 회사가 입소문을 내준 대가로 소비자 B의 구입 금액 중 일부를 현금(캐시백)으로 지급한 것입니다. 얼마 지나지 않아 신기한 일이 또 일어납니다. 소비자 B가 권유한 사람들이 제품을 구매하자 네트워크 마케팅 회사는 그 대가로 B에게 현금 캐시백을 지급합니다.

후원수당 형성 과정

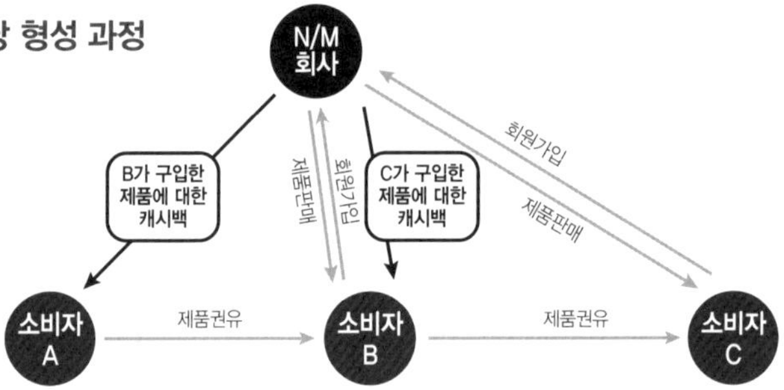

후원수당은 이렇게 시작되며 네트워크 마케팅 회사의 후원수당은 보통 두 개로 나눌 수 있습니다. 하나는 소비자에게 주는 캐시백이고, 다른 하나는 사업자에게 주는 후원수당입니다.

먼저 소비자에게 주는 캐시백은 일단 제품을 사용한 소비자가 자신과 같은 소비자를 모집하고, 그 소비자가 제품을 사용하면 그때마다 지급하는 것입니다. 그리고 사업자에게 주는 후원수당은 한 명의 소비자에게서 형성된 소비자 그룹의 매출이 회사가 정한 기준 이상일 때, 유통 사업자로 승격되고 그에 준하는 후원수당을 지급하는 것을 말합니다. 이 두 개의 후원수당이 대부분의 네트워크 마케팅 회사의 후원수당 지급 형태입니다.

성인이면 누구나 네트워크 마케팅 회사의 회원으로 가입해 이 후원수당을 받을 수 있습니다. 소비자가 어떤 상황에 있든 개의치 않고 회사는 정해진 보상플랜에 따라 후원수당을 지급합니다. 설령 다른 직업에 종사할지라도 상관이 없습니다. 아예 직업이 없어도 상관없습니다.

제품을 열심히 사용하고 그 경험담을 주변에 진솔하게 전달할 수 있으면 됩니다. 중요한 것은 처음부터 네트워크 마케팅을 전업으로 할 필요가 없으며 시간과 노력에 따라 후원수당의 규모가 달라진다는 점입니다.

이러한 후원수당은 일반 사람들에게 '돈 버는 방법에 대한 패러다임 전환'의 계기가 될 것입니다.

2) 권리 소득

권리 소득이란 권리가 있는 소득으로 이자, 배당금, 인세, 로열티 등을 말합니다. 다시 말해 일하지 않아도 돈을 버는 시스템을 통해 꾸준히 들어오는 소득을 의미합니다.

권리 소득에는 자산이라는 친구가 있습니다. 부자들에게 부자가 된 비법을 물어보면 하나같이 "돈이 돈을 번다."라고 말합니다. 여기서 말하는 '돈을 벌어주는 돈'이 바로 자산입니다.

돈을 모을 때도 자산은 매우 중요한 역할을 합니다.

혹시 "100만 원을 모으면 500만 원을 모으기가 쉽고, 500만 원을 모으면 금세 1,000만 원을 모을 수 있다."라는 말을 들어본 적이 있나요? 여기서도 100만 원이 자산입니다.

일단 100만 원을 모으면 투자할 상황이 마련된 셈입니다. 최소한 은행에 넣으면 쥐꼬리 같은 액수나마 정기적으로 이자가 발생하지요. 이때 100만 원은 자산이며, 그 이자가 권리 소득입니다.

정리하자면 자산을 만들 경우 소득 발생 시스템이 작동하고 그 시스템에 따라 권리 소득이 발생합니다. 그리고 권리 소득이 늘어나면 자산은 더욱더 커집니다.

네트워크 마케팅은 어떤 소득 구조이기에 자산을 형성해 권리 소득을 얻을 수 있는 것일까요? 자산은 네트워크 마케팅 사업을 시작하는 동시에 만들 수 있습니다. 바로 네트워크 마케팅 제품을 함께 사용하는 회원이 자산이기 때문입니다.

이렇게 말하면 혹자는 네트워크 마케팅은 사람 장사라며 비아냥거릴 수 있는데 그건 정말 아무것도 모르고 하는 소리입니다. 좀 더 자세히 설명하겠습니다.

대부분의 네트워크 마케팅 회사에서 내가 제품을 구입할 때는 할인가(회원가)로 싸게 구입합니다. 그리고 내가 모집한 회원이 제품을 구입하면 그 제품가의 일정 부분을 캐시백으로 받습니다. 내가 제품을 구입하는 것은 합리적인 소비에 그치지만, 나와 같은 합리적인 소비를 할 회원을 모집하면 내게 꾸준한 소득이 발생하고 그것은 곧 현명한 소득 창출 방법입니다.

분명히 말하지만, 소득은 회원 모집으로 발생하는 것이 아니라 제품이 팔려나가면서 발생합니다. 그러므로 내가 모집한 회원은 내 자산이며 회원이 제품을 구매할 때마다 발생하는 캐시백은 내 권리 소득입니다. 이처럼 네트워크 마케팅 사업은 누구나 자산과 권리 소득을 동시에 만들 수 있는 획기적인 시스템입니다. 이를 그림으로 표현하면 다음과 같습니다.

내 자산 형성 과정

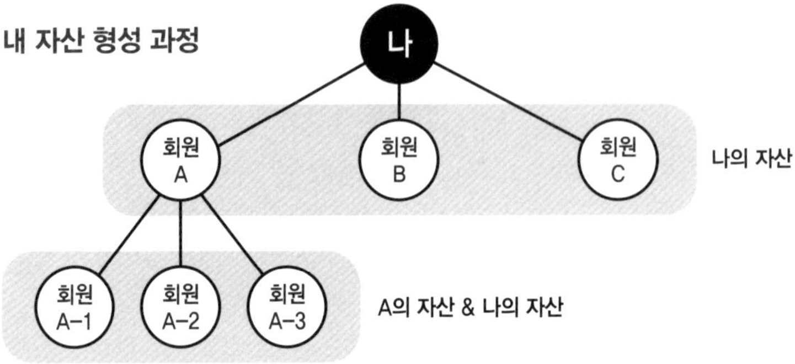

위 그림을 보면 또 하나 놀라운 사실을 발견할 수 있습니다. 그것은 내가 모집한 회원 A의 자산(회원 A-1~3)이 곧 내 자산도 된다는 점입니다. 네트워크 마케팅은 언론매체에 광고하지 않고 사람들의 입에서 입으로 전하는 입소문 마케팅을 하기 때문에 이러한 구조가 가능합니다.

회원이 회원을 모집하고 또 그 회원이 더 많은 회원을 모집할수록 내 회원이 늘어나며 그들이 사용하는 제품도 늘어납니다. 바로 이것이 자산도 키우고 권리 소득도 늘려가는 방법이지요.

직장인과 네트워커를 비교해 보면 권리 소득을 더욱 쉽게 이해할 수 있을 것입니다.

직장인과 네트워커의 차이

구 분	1월	2월	3월	4월	5월	6월	7월	8월	9월	10월	11월	12월	총계
직장인	1명	1명	1명	1명	1명	1명	1명	1명	1명	1명	1명	1명	1명
네트워커	1명	2명	4명	8명	16명	32명	64명	128명	256명	512명	1,024명	2,048명	2,048명

다시 한번 말하지만, 회원은 곧 자산이므로 회원이 늘어나면 권리 소득도 증가합니다. 그런데 위의 〈표〉를 보면 1년을 기준으로 직장인은 12개월 내내 혼자입니다. 반면 네트워커는 매달 회원이 기하급수적으로 늘어납니다. 이 〈표〉는 권리 소득을 만드는 핵심 요소와 장점을 잘 보여주고 있습니다.

첫째 권리 소득은 '혼자'가 아닌 '함께'입니다.

직장인과 네트워커는 모두 돈을 벌기 위해 매달 일을 합니다. 과연 이 둘은 매달 어떻게 일을 해서 돈을 벌까요?

직장인은 매달 혼자 일합니다. 그래서 매달 1명입니다. 반면 네트워커는 매달 일하는 사람이 늘어납니다. 왜냐고요? 앞서 설명한 원리를 되돌아보면 이해가 쉬울 겁니다. 첫 달에는 내가 회원이 되어 네트워크 마케팅 회사 제품을 회원가로 저렴하게 사용합니다. 그리고 제품에 감동하면 다음 달에 1명의 신규 회원을 모집합니다. 그래서 둘째 달에는 2명이 제품을 함께 사용합니다.

그다음 셋째 달에는 나와 내가 모집한 회원이 같은 방식으로 각자 1명씩 신규 회원을 모집합니다. 이렇게 매달 나와 내가 모집한 회원들이 각자 1명씩 신규 회원을 만들면 12월에는 총 2,048명이 됩니다.

실로 엄청난 숫자의 소비자 네트워크가 만들어지는 것입니다. 물론 이를 두고 숫자놀음이라고 말하는 사람도 있겠지만, 그 반의 반만큼만 늘어나도 512명입니다. 512명의 고정적인 소비자가 있으면 그들이 제품을 사용하면서 지속적인 소득, 즉 내 권리 소득이 발생합니다.

결국 네트워크 마케팅 사업은 함께 일하고 함께 권리 소득을 벌 수 있는 시스템입니다.

둘 째 네트워커가 투자하는 시간과 노력은 갈수록 줄어듭니다.

직장인은 매일 평균 아침 9시부터 저녁 6시까지 점심시간을 제외하고 무조건 8시간 이상 일합니다. 그래야 월급을 받기 때문이지요. 월차가 있어서 그나마 한 달에 공휴일 외에 하루를 더 쉬는 것이 반가울 따름이지요.

그런데 이상하게도 갈수록 일이 늘어납니다. 그것도 승진할

수록 더 늘어납니다. 결국 몸도 마음도 한계에 부딪히고 맙니다. 아마 이것이 혼자 열심히 일하는 직장인의 끝이 아닐까 싶습니다.

이에 비하면 네트워커는 영리하게 일하는 사람들입니다. 그들은 회원을 모집하고 그 회원에게 회원 모집 방법을 가르쳐줍니다. 그리고 함께 회원을 모집합니다. 몇 달 동안은 제품 소비량이 적어 그에 따른 소득도 적지만 5~6개월이 지나는 시점부터 소득이 순식간에 늘어납니다. 더 반가운 것은 소득은 커지지만 투자하는 시간과 노력은 줄어들어 여유가 생긴다는 점입니다.

셋 째 소득 발생 구조가 단순합니다.

이것은 곧 돈을 벌기 위해 하는 일이 단순하다는 의미입니다. 회원이 제품을 사용해보고 그 경험을 타인에게 알려 그 사람이 제품을 구매하면 곧바로 캐시백이 발생합니다. 만 20세 성인이면 누구나 이렇게 소득을 만들 수 있습니다. 나아가 내가 사업의 전문가가 되고 그 노하우를 전수해 또 다른 전문가를 키워냄으로써 더 큰 소득이 만들어집니다.

이처럼 네트워크 마케팅은 누구에게나 소득 창출 기회와 일자리를 제공하며 돈을 버는 구조입니다. 그야말로 제대로만 하면 멋진 사업이지요.

그러면 다시 〈표〉 이야기로 돌아가 봅시다. 직장인은 매달 혼자 일하고 혼자 돈을 법니다. 반대로 매달 회원이 늘어나는 네트워커는 그들과 함께 돈을 법니다. 즉, 회원이 회원을 모집하고 그 회원이 또 다른 회원을 모집하면서 모두가 소득이 발생하는 구조입니다.

본래 권리 소득은 자산을 가진 사람만 누리던 특권이었습니다. 네트워크 마케팅이 세상에 나오기 전까지는 말입니다. 이제 네트워크 마케팅 사업으로 누구나 권리 소득을 누릴 수 있습니다. 도전하십시오. 권리 소득을 얻는 네트워크 마케팅 사업으로 더 현명하게 일해 봅시다.

03 네트워크 마케팅 사업의 열 가지 성공 공식

만약 다른 직업에 종사했던 사람이 네트워크 마케팅 사업으로 성공하려면 어떻게 해야 할까요? 특히 오랜 기간 직장생활을 해온 사람이 네트워크 마케팅 사업을 시작한다면 어떻게 행동하는 것이 바람직한 일일까요? 이제부터 이와 관련된 내용을 열 가지로 나눠 자세히 설명하겠습니다.

1) 성공자를 믿고 따릅니다.

지금까지 많은 사람이 네트워크 마케팅 사업에 도전했다가 좌절하고 떠나갔습니다. 그 가장 큰 이유가 내 방식대로 했기 때문입니다. 네트워크 마케팅 사업에 도전했다가 금세 포기한 사람들은 하나같이 시스템을 따르지 않고 자기 방식대로 하다가 포기한 것입니다.

물론 그들도 처음에는 전문가의 조언을 따랐을 겁니다. 이 사업을 잘 모르니 시키는 대로 했을 테지요. 하지만 얼마 지나지 않아 익숙해지면 언제 그랬냐는 듯 자기 방식대로 합니다. 과거의 자신으로 되돌아가는 것입니다. 그러다 얼마 지나지 않아 한계에 부딪히면 뒤도 돌아보지 않고 그만둡니다.

이들은 하나같이 이렇게 말합니다.

"그 사업은 아무나 하는 게 아냐."

"내 적성에 맞지 않는 일이었어."

누구나 네트워크 마케팅 사업을 선택할 때는 현실이 힘들고 비전이 보이지 않아 새로운 것을 찾다가 네트워크 마케팅의 비전을 보고 입문합니다. 그런데 포기하면서 고작 한다는 말이

'적성에 맞지 않아서' 라고 합니다.

이는 곧 새로운 일에 도전하며 새로운 방식에 적응한 것이 아니라 새롭게 시작하는 일을 기존의 내 방식에 맞췄다는 뜻입니다. 이것은 내 몸에 맞는 새 옷을 사는 것과 같습니다.

기억하십시오. 네트워크 마케팅 사업은 기존의 내 습관과 성격을 바꾸는 것으로부터 시작해야 합니다. 비록 사람은 쉽게 변하지 않는다고 하지만 늘 변화하려는 마음가짐을 갖추는 것이 맞습니다. 아인슈타인은 "늘 같은 일을 반복하면서 다른 결과가 나오길 바라는 것은 바보 같은 짓"이라고 말했지요. 부자가 되고 싶다면서 기존의 모습을 그대로 유지하는 것은 어불성설입니다.

네트워크 마케팅 사업에서 성공한 사람들은 모두 성공자의 조언대로 하는 것이 가장 중요하다고 말합니다. 성공자가 말하는 여러 가지 핵심 내용을 귀담아듣고 그대로 행동해 보는 것이 중요하다는 얘기입니다.

오랫동안 이 사업에 전념해 성공한 사람들은 그동안 도중에 포기한 사람들을 정말 많이 봐왔을 겁니다. 그런 그들이 성공자의 조언대로 행동하는 것을 강조하는 데는 분명 이유가 있을 것입니다. 누구나 성공할 수 있습니다. 그러나 자기 방식대로 한 사람 중에 성공을 이룬 사람은 아무도 없습니다.

지금까지의 삶을 새롭게 바꾸고 싶어 네트워크 마케팅 사업을 선택했다면 성공을 위해 완전히 새롭게 시작하십시오. 무엇보다 사업 기간 내내 늘 초보자의 겸손한 마음으로 사업에 임하며 성공자를 믿고 따릅니다.

2) 직접 스케줄과 행동요령을 관리한다.

오랫동안 직장생활을 해온 사람들이 네트워크 마케팅 사업을 시작하면서 힘들어하는 것 중 하나가 시간 관리입니다. 그 이유는 두 가지로 나눌 수 있는데 하나는 프리(Free)한 시간적 환경이고, 다른 하나는 셀프(Self) 스케줄 관리 때문입니다.

먼저 프리한 시간적 환경은 직장인이 네트워크 마케팅 사업을 시작하면서 맞이하는 첫 번째 난관입니다. 오랫동안 타이트한 시간에 맞춰 살아온 그들이 시간에 구애받지 않고 자유롭게 사업을 펼치는 네트워크 마케팅 사업에 익숙해지는 데는 시간이 걸립니다.

가령 강의를 듣고 미팅에 참석하는 것이 프리하게 여겨져 왠지 노는 듯한 느낌이 들 수도 있습니다. 생소한 네트워크 마케팅 사업을 배우는 것도 어딘지 모르게 일처럼 느껴지지 않습니다.

이런 상황에서 시간이 갈수록 그들은 조바심을 냅니다. 분명 사업을 하긴 하는 것 같은데 일과가 끝나면 어쩐지 허전하기 때문입니다. 직장생활과 달리 시간적 여유를 누리면서 불안해하기도 합니다.

그렇지만 한 달 정도가 지나면 많이 익숙해집니다. 불안해하던 마음은 온데간데없이 사라지고 오히려 열심히 공부하는 것으로 위안을 삼습니다. 여기서 한 가지 기억해야 할 것이 있습니다. 그것은 네트워크 마케팅 사업에서 처음 2~3개월은 충실히 배우는 것과 동시에 배운 것을 실천해야 결과가 따른다는 사실입니다.

어디까지나 내 사업이므로 내가 스스로 비즈니스를 펼치지 않으면 결과는 없습니다. 네트워크 마케팅 사업에서 공짜로 무언가를 얻을 수 있으리라는 기대는 착각입니다. 그러나 많은 사람이 눈과 귀로 배우는 것에만 충실하다가 정작 행동으로 옮겨야 한다는 것은 망각합니다.

생소하고 낯선 사업을 시작했으니 두려움이 생기는 것은 당연하지만, 이는 전문가와의 지속적인 미팅으로 이겨내야 합니다. 매일 배운 것을 행동으로 옮기는 것이 사업 초기를 현명하게 통과하는 자세입니다.

다음으로 셀프 스케줄 관리는 직장인이 사업 초기에 힘들어하는 두 번째 난관입니다. 오랫동안 직장생활을 해온 사람에게 자유로운 환경에서 스스로 스케줄을 관리하는 것이 쉬운 일이 아닙니다. 상사의 지시 아래 제한적인 업무를 수동적으로 처리하는 것이 익숙한 탓에 스스로 할 일을 체크하고 실천하는 것이 쉽지 않은 탓이지요.

그들은 선배사업자가 바쁘게 움직이는 것을 보며 부러워하기도 합니다. 이는 마치 신입사원이 첫 출근해 선배들이 바쁘게 움직이는 것을 물끄러미 바라보는 것과 같습니다. 의욕은 가득하지만 정작 무엇을 해야 할지 엄두가 나지 않는 상태죠.

이럴 경우 사업 과정을 점검하는 스케줄러와 그룹 시스템을 활용할 것을 권합니다. 자신이 하루의 시간을 어떻게 보냈는지 직접 적어보고, 하루 동안 행동으로 옮겨야 하는 행동요령을 그룹시스템에서 배우고 매일 실천해보는 것이지요.

일정한 틀 안에서 행동해온 직장인은 틀만 바뀌었을 뿐, 네트워크 마케팅 사업에도 행동 요령이 있다는 사실이 반가울 것입니다. 다만 누가 시켜서가 아니라 스스로 스케줄러에 자신의 스케줄을 적고 매일 사업관련 결과를 체크해야 합니다.

네트워커는 시간을 능동적으로 관리해야 합니다!

타인이 정해놓은 스케줄에 따라 하루하루를 살아가는 것에 회의감이 들던 때를 기억해 보십시오. 그때는 그 상황이 숨 막히게 싫었을 겁니다. 이제 그 시절을 되새기며 여러분 자신의 인생을 위해 능동적인 시간 관리를 할 때입니다.

어디서 무엇을 하든 상관없습니다. 여러분이 네트워크 마케팅 사업을 위해 진정으로 몇 시간을 집중하는지가 중요합니다.

자신의 사업 환경을 스스로 관리하되 직장인처럼 스케줄을 짜면 성공을 더욱더 앞당길 수 있습니다.

주 5일 근무, 아침 9시 출근, 6시 퇴근, 아파도 출근하는 게 당연하고 점심시간 외에는 무조건 업무에 몰두해야 하는 직장인! 직장에 다니는 것처럼 사업에 임하십시오. 그러면 직장에서 받던 월급 이상으로 큰 대가를 얻을 것입니다.

3) 초기부터 지출을 철저히 한다.

네트워크 마케팅 사업에 입문하면 3~6개월은 배우는 데 집중하는 것이 성공에 큰 도움을 줍니다. 그래서 처음에는 투잡으로 시작하는 경우가 많습니다.

사실 사업 초기에는 생각만큼 큰 소득이 발생하지 않습니다. 사업하는 시간보다 사업을 배우는 시간이 훨씬 많기 때문입니다.

하루 중 오전에는 보통 사업 강의와 스폰서 미팅이 있습니다. 그리고 전문가가 되기 위해 오후에도 강의를 듣는 경우가 많습니다. 그 외의 시간에는 전화로 약속을 잡고 실제 소득이 발생하도록 행동에 돌입합니다. 이때 차비나 식대 등 기회비용이 발생합니다.

사업이라는 관점에서 이것은 그다지 큰 투자는 아니지만, 소득이 미미한 상황에서 기회비용이 발생하고 소득보다 지출이 늘어나면 큰 부담으로 다가오기도 합니다. 그런데 많은 네트워커가 자금관리에 별다른 신경을 쓰지 않습니다.

목돈이 빠져나가는 것이 아니므로 쉽게 생각할 수 있으나 푼돈도 쌓이면 액수가 커지고 지출이 커지면 사업을 전개하는 데 걸림돌이 될 수도 있습니다. 사람을 만날 때 쓰는 비용과 자신이 사용하는 제품값, 부대비용을 꼼꼼히 체크하십시오. 따져보면 자신이 사업을 효율적으로 하고 있는지를 정확히 파악할 수 있습니다.

사업 초기에는 대부분 어느 정도 여유자금을 갖고 시작합니다. 이 자금 덕분에 일정 기간은 안정적인 활동을 보장받을 수 있습니다. 바로 이때부터 철저하게 금전 관리를 해야 합니다.

금전 관리를 위해 사업 초기에 가장 먼저 해야 할 일은 여유자금을 어떻게 사용하고, 6개월 동안 어떻게 활동해 소득을 올릴 것인가를 구체적으로 계획하는 것입니다. 이를 위해서는 전문가인 스폰서와 긴밀하게 논의해 자신의 상황을 점검하고 언제까지 얼마를 벌 것인지 계획을 세워 행동하는 것이 바람직합니다.

분명 네트워크 마케팅은 비전 있는 비즈니스입니다. 그러나 초기부터 자금관리를 하지 않는다면 인생 역전의 기회를 살리지 못하는 것입니다.

직장인은 대개 마이너스 인생을 살아왔고 여전히 그렇게 살고 있습니다. 그들에게 네트워크 마케팅 사업은 플러스 인생을 살아갈 최고의 기회 중 하나입니다. 초기에 철저하게 자금을 관리한다면 플러스 인생의 초석을 다질 수 있습니다.

4) 네트워크 마케팅 사업을 정확히 이해한다.

네트워크 마케팅 사업을 잘하고 싶다면 그 개념부터 정확히 알아야 합니다. 이미 제3장에서 자세히 설명했지만 다시 한번 읽고 숙지하기 바랍니다. 지금도 많은 사람이 네트워크 마케팅 사업을 세일즈로 오해하지만 실은 세일즈와 전혀 다른 빅 비즈니스입니다.

우리는 네트워크 마케팅을 사업으로 바라봐야 합니다. 세일즈와는 그 주체가 다르기 때문입니다.

세일즈의 주체는 전문 세일즈맨입니다. 세일즈맨은 자신이 취급하는 제품을 팔아 이윤이 발생하면 그것이 곧 소득입니다. 반면 네트워크 마케팅 사업은 세일즈맨이 아니라 일반 소비자가 그 주체입니다. 제품을 사용해보고 마음에 들어 주변에 알리면 그 입소문이 퍼져나가 사용하는 사람이 늘어나면서 소득이 발생하는 것이지요.

세일즈맨은 무조건 팔아야 소득이 발생하므로 판매에 집중합니다. 네트워크 마케팅 소비자는 사용한 제품에 만족하면 주변에 입소문을 내고 소비가 늘어난 결과로 소득이 발행합니다. 쉽게 말해 세일즈맨은 돈을 벌기 위해 제품을 판매하고, 네트워크 마케팅 소비자는 스스로 사용하는 제품이 돈을 벌게 해 줍니다.

여러분 주변의 세일즈맨을 한번 생각해보십시오. 보험 상품이나 정수기, 휴대전화를 판매하는 세일즈맨은 판매하기 전에 자신이 먼저 판매하는 제품을 구매합니다. 판매량을 늘리고자 굳이 살 필요가 없는 제품을 구매하고, 판매 실적을 늘리기 위해 제품 경험을 인위적으로 가공해 홍보하는 겁니다.

네트워크 마케팅 소비자는 목적이 소비에 있으므로 더 좋은 제품을 사용하는 데 1차 목적을 둡니다. 일단 제품을 사용해보고 좋은 점을 발견하면 주변에 자랑합니다. 그리고 그것이 입소문으로 퍼져나가 함께 사용하는 소비자가 늘어나지요.

결국 세일즈맨은 투자를 해서 돈을 벌고, 네트워크 마케팅 소비자는 소비를 해서 돈을 버는 것입니다.

사업 초기에 네트워크 마케팅 사업의 제품 유통 구조, 사업 방식 등을 숙지해 시행착오만 최대한 줄이면 얼마든지 성공이 가능합니다.

5) 시스템 안에서 사업을 한다.

시스템은 네트워커가 자신을 안전하게 지킬 수 있는 울타리입니다. 나아가 시스템은 스스로 성장하고 원하는 성과를 이룰 수 있는 기틀입니다. 따라서 시스템의 존재 유무는 사업 성과를 이룰 수 있느냐를 결정할 수 있는 중요한 것입니다.

유명 프랜차이즈의 홍보물을 보십시오. 프랜차이즈 본사는 하나같이 성공 시스템을 갖추고 있다고 광고합니다. 따라서 사람들은 그 시스템을 믿고 가맹점으로 가입하지요.

또 잘나가는 대기업은 어떤가요? 이들 역시 성공하기 위한 사업 시스템이 있으며 그 시스템을 통해 사업을 확장해 나갑니다.

분명 시스템은 어떤 사업에서든 성공을 위한 핵심 요소입니다.

그럼 네트워크 마케팅 사업은 어떨까요? 여기에도 시스템이 있을까요? 당연히 성공 시스템이 존재합니다. 회사와 그룹에 따라 그 내용에 다소 차이는 있지만 네트워커를 위한 성공 시스템을 확실하게 갖추고 있습니다.

네트워크 마케팅 사업을 시작했다면 그 시스템이 무엇인지, 어떻게 구성되어 있는지 제일 먼저 파악하기 바랍니다. 그것을 이해하면 곧바로 시스템에 합류해 시스템의 일부가 됨으로써 빠른 성공을 보장받을 수 있습니다.

행동의 기준을 세우는 것도 시스템 안에서 하는 것이 좋습니다. 한 회사, 한 그룹의 모든 네트워커가 각각 하나의 톱니바퀴입니다. 그중 하나만 잘못되어도 그 시스템은 어긋나게 마련입니다. 각자의 행동, 생각, 판단 등을 시스템 안에서 하라고 권하는 이유가 여기에 있습니다.

각자가 시스템의 일부가 되어 그 시스템을 키워가는 것이 모두의 사업 성공을 앞당깁니다.

6) 사업은 단순하게 한다.

일은 복잡할수록 경우의 수가 늘어납니다. 사람들이 사업을 어렵게 생각하는 이유가 여기에 있지요. 실제로 회사경영은 다양한 변수가 존재하며 그것에 맞게 고민하고 결정할 일도 많습니다. 그러나 네트워크 마케팅 사업은 일반 사업과 달리 아주 단순합니다.

사실 일반 회사를 경영하다가 네트워크 마케팅 사업을 시작한 사람은 하나같이 그 단순한 시스템에 감탄합니다. 그들은 자신이 경험해 본 사업 중에서 네트워크 마케팅 사업이 가장 쉽고 단순하다고 말하지요.

그런데 직장생활만 해온 사람들은 네트워크 마케팅 사업을 상당히 복잡하게 여기는 경향이 있습니다. 여러 가지 보상플랜은 물론 매출 발생과 그룹을 구축하는 것까지도 복잡하다고 보는 것입니다. 언뜻 복잡해 보일 수도 있지만 자세히 들여다보면 수학 공식과 같이 아주 단순합니다.

예를 들어 네트워크 마케팅 사업에서는 자신이 새롭게 만들 것이 거의 없습니다. 만약 여러분이 대박이 날 것 같은 제품을 생산하기 위해 공장을 짓는다고 해봅시다.

공장을 세울 대지를 마련하고 그곳에 공장을 설계합니다. 그리고 그 공장에 들여놓을 기계를 구입하고 몇 달 동안 완벽한 공정을 만들고자 돈과 시간을 투자합니다. 그렇게 해서 공장을 완성하면 시험 가동을 하느라 또 몇 달을 투자합니다. 이처럼 일반 공장을 하나 세우는 데도 말로 표현하기 힘들 만큼 큰 노력과 투자가 필요합니다.

반면 네트워크 마케팅 사업에는 개인이 투자할 일이 거의 없습니다. 정말 대박이 날 것 같은 제품은 이미 회사가 마련해놓고 있지요. 제품 생산 공정도 갖춰져 있고 그 제품을 마케팅하는 방법도 선배 네트워커가 충분히 알려줍니다. 여러분은 그저 사업에 참여해 열심히 행동하면 됩니다.

그런데 이 단순한 과정을 팽개치고 엉뚱하게 행동하는 초보 네트워커가 많습니다. 자신이 보기에 네트워크 마케팅 사업이 복잡해 보인다는 이유로 자기식대로 하는 것입니다.

선배 네트워커가 조언을 해주면 그건 내게 맞지 않는다는 둥, 내가 생각하는 방법이 따로 있다는 둥 자신만의 방법으로 시간을 낭비하는 거지요. 그렇게 여러 달을 보내다 온갖 실패를 겪은 뒤에야 제자리로 돌아옵니다.

네트워크 마케팅 사업은 일반 사업에 비해 굉장히 단순합니다. 사업을 배우고 행동하고 그 경험을 함께하는 사람들에게 알려주는 것이 전부입니다. 그러므로 자신의 과거 경험보다 선배들이 쌓아온 경험과 결과를 존중하고 그대로 행동하는 것이 올바른 사업 방법입니다.

선배 네트워커들의 조언에 살을 붙이기보다 오히려 더 단순하게 할 방법을 모색하는 데 집중하십시오. 아마 그 결과는 자신은 물론 다른 사람에게도 커다란 혜택으로 돌아갈 것입니다.

7) 돈이 아니라 '사람'을 얻고자 하면 성공한다.

사람들에게 왜 네트워크 마케팅 사업을 시작했는지 물어보면 대부분 부자가 되어 인생을 바꾸기 위해서라고 대답합니다. 그래서 돈을 벌기 위해 사람을 만나고, 돈을 벌기 위해 제품을 알립니다. 사업의 우선순위가 돈을 버는 것에 맞춰져 있는 것입니다.

그러다가 예상치 못한 일을 겪습니다. 그때 그들은 생각합니다.

'부자가 되려고 이런 일까지 해야 하나?'

'꼭 이렇게까지 해서 돈을 벌어야 하나?'

다양한 사람들과 교류하며 다양한 경험을 하다 보니 자존심 상하는 일도 겪으면서 사업이 불편해집니다. 그러면서 슬슬 사람들을 피하고 두려움마저 생겨 더 이상 행동하지 못하는 경우까지 생깁니다. 분명 부자가 되는 것이 사업을 시작한 계기이자 목표였는데, 아무런 성과도 내지 못하는 겁니다.

그럼 진짜 부자는 어떻게 부자가 되었을까요? 이들도 돈을 많이 버는 것만 생각했을까요? 여러분 주변의 진정한 부자를 보면 그 답을 찾을 수 있습니다.

부자들은 절대 돈만 추구하지 않습니다. 그들은 돈을 벌 수 있는 환경을 만드는 데 집중합니다.

네트워크 마케팅 사업으로 부자가 된 사람들도 이 원리를 이해하고 행동합니다. 가령 사람을 만나 얼마의 매출을 올릴 것인지가 아니라 그들과 친해지고, 많은 사람을 내 편으로 만드는 데 집중합니다. 즉, 그들은 한 사람 한 사람에게 최선을 다해 그들을 친구로 만듭니다.

친구가 된 사람들은 자신의 속 이야기를 털어놓게 되기 마련입니다. 그때 그들의 고민에 집중해서 네트워크 마케팅 사업을 권하는 것이지요. 상대의 말에 귀를 기울여 원하는 결과를 만들어냅니다.

돈만 추구하는 사람의 의도는 뻔합니다. 그들은 자신에게 이득이 되는 일만 합니다. 상대가 제품에 관심을 가질 때만 연락하고 관심이 없다면 연락을 끊습니다. 심지어 상대방이 제품을 구입하고 난 후 제품을 사용할 사람만 열심히 찾아다니며 매출에만 집중합니다.

네트워크 마케팅 사업의 진정한 매력은 연금처럼 자동으로 매달 발생하는 소득에 있습니다. 그 소득이 자동으로 매달 늘어난다고 생각해보십시오. 생각만 해도 즐겁지 않나요? 진정 그런 소득을 원한다면 돈을 추구하는 사업보다 사람을 얻는 사업을 하기 바랍니다. 그러면 친구가 된 많은 사람이 알아서 여러분의 돈을 벌게 해줄 것입니다. 인프라, 즉 인적 네트워크의 극대화가 곧 네트워크 마케팅 사업의 성공 열쇠입니다.

8) 사업 시작 후 6개월에 집중한다.

어떤 일을 하든 초기 6개월이 전체를 좌우합니다. 특히 그 일이 처음이라면 더욱더 초기 6개월이 중요하지요. 네트워크 마케팅 사업도 같습니다. 초기 6개월이 사업의 성패를 좌우합니다. 6개월 뒤 혹은 1년후 쯤 성장한 여러분의 모습을 기대한다면 초기 6개월 동안 열심히 배우고 행동하길 바랍니다.

초보 네트워커가 사업을 결정하고 틈틈이 배우기 시작하는 기간은 1~2개월입니다. 이때는 배움이 사업의 전부라고 해도 과언이 아닙니다. 대개는 네트워크 마케팅 사업의 개념과 진행 과정, 성공 요령 등을 구체적으로 배웁니다.

이때 많은 회사와 그룹에서 행동을 이끌어내기 위해 사업자 과정을 접목하는데, 이 과정에 충실히 임해야 합니다. 이것은 네트워크 마케팅 사업으로 인생을 바꾸고자 하는 사람들을 위한 중요한 과정이니까요.

3~4개월째부터는 배운 대로 행동합니다. 이때 리크루팅을 잘하는 방법을 이해하고 전문가와의 지속적인 미팅, 사람들과 약속 잡기, 가망 사업자와의 만남 및 관계 유지 등을 시작합니다. 여기서 얻은 작지만 빠른 성과는 5~6개월째에 더 성장한 자신을 만드는 기틀이 됩니다. 이것이 습관이 되어 1년이 지나갈 때쯤 성공을 얻은 독립된 사업가가 됩니다.

이처럼 초기 6개월을 알차게 활동하면 어엿한 네트워커로 성장합니다. 그런데 많은 사람이 3~4개월째도 열심히 배우기만 합니다. 혹자는 네트워크 마케팅 사업에는 끝없는 배움이 필요하다고 말하지만, 일단 기본적인 배움이 끝나고 행동이 따르지 않으면 좋은 결과를 만들 수 없습니다. 그럼 왜 행동하는 것을 주저할까요?

이들에게는 몇 가지 공통점이 있는데 그중 하나가 두려움입니다. 배움을 단지 머리로만 받아들이기 때문에 생기는 것입니다. 배움에 경험을 더해야 지혜가 쌓여 성공이 가능한데 해보지 않은 일이라는 핑계로 경험하는 것을 두려워합니다.

이럴 경우 처방전이 하나 있습니다. 그것은 바로 1~2개월째에 여러분이 속한 네트워크 마케팅 회사의 제품을 적극적으로 사용하는 일입니다. 기존에 소비하던 제품을 자신이 선택한 네트워크 마케팅 회사의 제품으로 모두 바꿔 사용하는 것이지요. 이것은 배움에 경험을 더하는 하나의 방법입니다. 이를 통해 주변 사람들을 자신과 같은 소비자로 만드는 지혜를 얻을 수 있습니다.

다시 한번 강조하지만 네트워크 마케팅 사업에서 초기 6개월은 사업 성패의 잣대입니다. 초기 6개월만 집중하면 작지만 빠르게 성공의 맛을 볼 수 있습니다. 그 시작이 1년을 이어갈 수 있고, 그 작은 성공이 모여 엄청난 결과를 만드는 것입니다.

9) 10코어는 성공의 밑거름!

직장에서 부서를 배정받은 신입사원은 이렇게 묻습니다.

“제가 여기서 해야 할 일은 무엇인가요?”

그러면 직장 선배는 차근차근 신입사원이 해야 할 일을 알려주지요. 시간이 흘러 신입사원이 대리가 되고 과장이 되면 자신의 일에 전문가가 됩니다. 그리고 부장이 되고 차장이 되면 책임자가 되고 나아가 업무의 결정권자가 됩니다.

네트워크 마케팅 사업을 시작한 초보 네트워커도 묻습니다.

“제가 처음 시작해야 할 일은 무엇인가요?”

그러면 선배 네트워커가 한마디로 대답합니다.

“10코어(CORE)입니다.”

처음 접하는 용어이기에 초보 네트워커는 다시 물어봅니다.

“네? 그것이 무엇입니까?”

그럼 선배 네트워커는 차근차근 초보 네트워커가 해야 할 일을 알려줍니다. 그런 다음 마지막에 이렇게 말합니다.

"10코어만 하면 됩니다. 이것이 사업의 시작이자 끝입니다."

이 얼마나 심플한 대답입니까? 네트워크 마케팅 사업도 일반 직장처럼 직급이 있지만 아무리 직급이 변해도 오직 해야 할 일은 10코어뿐입니다. 다시 말해 10코어는 네트워크 마케팅 사업의 기본 행동 요령이자 사업의 시작이고 끝입니다.

10코어는 회사와 그룹에 따라 다소 차이가 있긴 하지만 기본적으로 책 읽기, 강의 듣기, 시스템 참석, 제품 애용, 제품 전달, 스폰서 미팅, 가망 소비자 구축, 사업 전달, 신뢰 쌓기, 체력 단련 또는 SNS 같은 열 가지 행동 요령을 말합니다.

초보 네트워커든 경력이 오래된 네트워커든 오직 해야 할 일은 열 가지 행동 요령뿐입니다. 이 행동을 반복하면 사업은 저절로 이루어지기 때문입니다.

선배 네트워커와 충분히 논의해 하루빨리 10코어를 자신의 습관으로 만들기 바랍니다.

10) 평생 친구가 평생 스승

평생 친구란 어려울 때 힘을 주고 함께 고민을 털어놓을 수 있는 죽마고우를 말합니다. 여러분에게는 평생 친구가 몇 명이나 있습니까? 대개는 2~3명 정도라 말할 겁니다.

그렇지만 네트워크 마케팅 사업에서는 죽마고우보다 더 좋은 평생 친구를 많이 만들 수 있습니다. 성공이란 하나의 목표를 함께 바라보면 그에 대해 평생 나누고 격려하기 때문입니다.

네트워크 마케팅 사업의 보상플랜만 봐도 평생 친구의 의미를 되새길 수 있습니다.

먼저 사업을 전달받은 사람은 주변에 이 사업을 전달합니다. 통상 먼저 사업을 전달받은 사람은 스폰서, 스폰서에게 사업을 전달받은 사람은 파트너라고 말합니다. 그러면 여기에서 윈윈 관계가 만들어집니다.

스폰서는 파트너가 사업을 잘해야 자신의 성과(후원수당 등)가 발생하고, 파트너는 자신의 성과를 위해 스폰서의 시스템을 통해 전문성(지식 등)을 전달받습니다. 그리고 파트너는 자신의 성과를 극대화하기 위해 스폰서처럼 또 다른 사람에게 사업을 전달합니다. 이때 스폰서는 자신의 성과를 극대화하고자 파트너를 열심히 돕습니다.

이러한 구조가 확대되면 모두의 성과가 극대화됩니다. 이들은 평생 윈윈 관계로 힘들고 어려울 때 서로 힘이 되어 성공의 길을 함께 나아갑니다.

스폰서와 파트너는 서로에게 평생 친구이자 평생 스승입니다. 각자의 장단점과 경험치가 다르기에 성공을 위해 서로에게 좋은 조언을 해줄 수 있고 이들은 서로를 존중하는 입장에서 사업을 현명하게 펼쳐 나갑니다.

특히 파트너의 입장에서 자신보다 더 오래 사업을 했고 앞으로도 더 오래 사업을 할 가능성이 큰 사람이 누구일까요? 바로 자신에게 사업을 안내한 스폰서입니다. 그러니 자신의 스폰서가 평생 친구이자 스승이 될 확률이 높은 거지요.

지금까지 성공한 네트워커들은 대부분 스폰서와의 관계가 아주 좋습니다. 그 스폰서가 옆에 있든 없든 항상 스폰서를 존중하고 파트너들 앞에서도 파트너를 칭찬합니다. 더욱이 초보 네트워커일수록 스폰서와 좋은 관계를 유지하는 것이 매우 중요합니다. 그러면 사업 기간 중 큰 고비를 헤쳐 나갈 지혜와 더 빠른 성공 방식을 전수받을 수 있습니다.

이 외에도 네트워크 마케팅 사업에서 성공하는 공식은 더 있겠지만, 여기서 소개하는 열 가지만 실천해도 성공 확률이 클 것입니다. 기본적인 열 가지를 생각하고 반드시 실천해 시행착오를 줄이고 빠른 성공을 거두길 기원합니다.

[마치며]

직업의 판을 바꾸는 '네트워커'

4차 산업혁명의 출현과 코로나19 팬데믹을 거치면서 우리의 삶은 너무도 큰 충격을 겪었으며 세상이 엄청나게 빠르게 변화함을 실감하고 있습니다.

편리해진 세상 속에서 인간의 노동력을 로봇 기술이 대체하면서 많은 직업에 위기가 찾아왔고, 비대면의 추세 속에서 대면 활동이 필수인 직업들이 고사 직전에 놓였습니다. 시스템을 갖춘 기업들은 코로나19 팬데믹이 오히려 엄청난 기회의 시간이 되었지만 많은 직장인에게는 엄청난 위기의 시간이 되고 있습니다.

앞으로 직업의 세계는 더욱 큰 양극화를 보일 것입니다. 시대와 기술의 혜택을 받은 직업은 흥하지만 그렇지 않은 많은 직업들은 사라질 것입니다. 따라서 이제는 시대적 흐름과 같이하며 어떤 환경에도 순응할 수 있는 직업을 찾아야 합니다.

그중 하나가 바로 네트워크 마케팅이 만들어준 네트워커라는 직업입니다. 네트워커는 변화하는 시대에 민감히 대처할 수 있고 누구나 평생직업으로 행복한 삶을 만들 수 있는 최고의 직업 중의 하나입니다.

그 핵심을 꿰뚫어 본 사람들은 이미 1980년대부터 사업을 지속해 왔으며 지금은 성공한 네트워커가 되었습니다. 이들은 네트워커를 당당히 직업으로 생각했고, 직장생활을 하는 사람들이 상상도 할 수 없을 만큼 엄청난 부와 성공을 일궈냈습니다. 또 환경도 많이 변해 이제는 유명한 학자와 언론도 네트워크 마케팅 사업을 새롭게 조명하고 새로운 유통구조라 칭하며 일반 기업들도 네트워크 마케팅 기업을 벤치마킹하고 있습니다. 머지않아 네트워크 마케팅 사업이 직업의 판을 바꿀 것입니다. 지금도 혹자는 네트워크 마케팅을 다단계라고 치부하지만, 실상은 많은 사람들의 직업에 대안으로 떠오르고 있습니다.

오직 사람과 사람이 만나는 비즈니스, 건강과 행복, 부의 축척이 가능한 비즈니스, 여기에 기술과 산업이 발전해도 인간만이 가능한 비즈니스인 네트워크 마케팅 사업을 주목할 때입니다. 앞으로 직업의 판도를 바꿀 네트워크 마케팅으로 인생의 판까지 바꿔보는 것은 어떨까요?

네트워크 마케팅 **직업**의 **판**을 바꾸다

초판 1쇄 발행 | 2017년 11월 10일
개 정 판 발행 | 2022년 11월 07일
출판등록번호 | 제2015-000155호

펴낸곳 | 도서출판 라인
지은이 | 도서출판 라인 기획팀

발행인 | 정 유 식
기 획 | 정 유 식, 박 정 욱
디자인 | 안 지 영

잘못된 책은 바꿔드립니다.
가격은 표지 뒷면에 있습니다

ISBN 979-11-87311-33-1

주소 | 서울시 강남구 대치4동 889-5 샹제리제빌딩
전화 | 02-558-1480
팩스 | 02-558-1440
메일 | spm7410@naver.com